Emotion und Fehlentscheidung

Sven Seibold · Alexander Horn

Emotion und Fehlentscheidung

Wie Menschen auch unter Stress klug entscheiden

Sven Seibold
Wirtschaft und Informatik
Hochschule Hannover
Hannover, Deutschland

Alexander Horn
Kommissariat 16
Polizeipräsidium München
München, Deutschland

ISBN 978-3-662-63236-9   ISBN 978-3-662-63237-6   (eBook)
https://doi.org/10.1007/978-3-662-63237-6

Die Deutsche Nationalbibliothek verzeichnet diese Publikation in der Deutschen Nationalbibliografie; detaillierte bibliografische Daten sind im Internet über http://dnb.d-nb.de abrufbar.

© Der/die Herausgeber bzw. der/die Autor(en), exklusiv lizenziert durch Springer-Verlag GmbH, DE, ein Teil von Springer Nature 2021

Das Werk einschließlich aller seiner Teile ist urheberrechtlich geschützt. Jede Verwertung, die nicht ausdrücklich vom Urheberrechtsgesetz zugelassen ist, bedarf der vorherigen Zustimmung des Verlags. Das gilt insbesondere für Vervielfältigungen, Bearbeitungen, Übersetzungen, Mikroverfilmungen und die Einspeicherung und Verarbeitung in elektronischen Systemen.

Die Wiedergabe von allgemein beschreibenden Bezeichnungen, Marken, Unternehmensnamen etc. in diesem Werk bedeutet nicht, dass diese frei durch jedermann benutzt werden dürfen. Die Berechtigung zur Benutzung unterliegt, auch ohne gesonderten Hinweis hierzu, den Regeln des Markenrechts. Die Rechte des jeweiligen Zeicheninhabers sind zu beachten.

Der Verlag, die Autoren und die Herausgeber gehen davon aus, dass die Angaben und Informationen in diesem Werk zum Zeitpunkt der Veröffentlichung vollständig und korrekt sind. Weder der Verlag, noch die Autoren oder die Herausgeber übernehmen, ausdrücklich oder implizit, Gewähr für den Inhalt des Werkes, etwaige Fehler oder Äußerungen. Der Verlag bleibt im Hinblick auf geografische Zuordnungen und Gebietsbezeichnungen in veröffentlichten Karten und Institutionsadressen neutral.

Covergestaltung: deblik, Berlin
Covermotiv: © stock.adobe.com/zenzen/ID 301675589

Verantwortlich im Verlag: Monika Radecki

Springer ist ein Imprint der eingetragenen Gesellschaft Springer-Verlag GmbH, DE und ist ein Teil von Springer Nature.
Die Anschrift der Gesellschaft ist: Heidelberger Platz 3, 14197 Berlin, Germany

Vorwort

Dieses Buch unterstützt Sie dabei besser zu entscheiden. Sie werden aus Alltagsbeispielen und aus den Fehlern anderer lernen. Bei jedem Beispiel geht es darum, für sich die Quintessenz herauszuziehen. Wir stellen einen roten Faden vor, an dem Sie sich in schwierigen Entscheidungssituationen orientieren können. Der rote Faden ersetzt nicht das eigene Entscheiden, hilft aber, keinen wichtigen Schritt zu vergessen und sich nicht von den eigenen Emotionen in die irre führen zu lassen. Wir danken unseren Interviewpartnern, die zum Schutz ihrer Privatsphäre nicht namentlich genannt wurden sowie Frau Professorin Dr. Ruth Linssen für sehr hilfreiche Anregungen zum Manuskript.

Sven Seibold
Alexander Horn

Inhaltsverzeichnis

1 **Einleitung** 1
   1.1 Leben statt Labor 4
   1.2 Kluge Entscheidungen sind nützlich 7
   1.3 Was Sie erwartet – Aufbau des Buches 8
   Literatur 9

2 **Situationen – was Entscheiden schwer macht** 11
   2.1 Fukushima, Katrina und andere Katastrophen 12
   2.2 Von Experimenten und der Welt da draußen 15
   2.3 Tschernobyl 1986: Problem zu spät erkannt 17
   2.4 Exxon Valdez: Gier schlägt Gehirn 19
   2.5 Die Barings Bank und der erfolgreiche Nick: Erfolg ist keine Garantie 20
   2.6 Herkulesaufgaben 23
   2.7 Verantwortungsdruck 25
   2.8 Denken ist durch die Evolution geprägt 26
   2.9 Feuerholz sammeln klappt besser als vernetzt zu denken 28
   2.10 Unsicherheit ist normal 30
   2.11 Zusammenfassung 32
   Literatur 32

3 **Emotionen – schlechter als ihr Ruf** 35
   3.1 Starke Emotionen behindern 38
   3.2 Kurzschluss 40

3.3	Emotionales Schlussfolgern	43
3.4	Denken statt Fühlen	47
3.5	Brandbeschleuniger Stress	50
3.6	Zusammenfassung	55
	Literatur	56

4 Denken – ist anstrengend, hilft aber — 59
- 4.1 Kontext prägt — 60
- 4.2 Gesunder Menschenverstand und andere Dummheiten — 61
- 4.3 Automatisch versus kontrolliert — 63
- 4.4 Exekutive Kontrolle — 66
- 4.5 Kognitive Sparsamkeit — 71
- 4.6 Zögerliche Philosophen und entscheidungsfrohe Tatmenschen — 72
- 4.7 Novizen, Experten und Intuition — 74
- 4.8 Fukushima: Fehlentscheidungen können verzögert wirken — 78
- 4.9 Brexit: von Risiken und Nebenwirkungen — 81
- Literatur — 83

5 Fakten, Wahrnehmungen und Hypothesen — 85
- 5.1 Vernachlässigung von Fakten wird bestraft — 86
- 5.2 Kausalität, Korrelation und Koinzidenz — 90
- 5.3 Verzerrungen und (Wahrnehmungs)fehler — 94
- 5.4 Informationen systematisch bewerten — 97
- 5.5 Erst verstehen, dann bewerten — 99
- 5.6 Komplexität reduzieren — 101
- 5.7 Zusammenfassung — 108
- Literatur — 108

6 Rekonstruktion – man muss eine Situation verstehen — 109
- 6.1 1986 – Explosion der Raumfähre *Challenger* — 111
- 6.2 Tathergangsanalyse — 112
- 6.3 1997– Apple kriegt die Kurve — 113
- 6.4 Komplex oder kompliziert — 114
- 6.5 Zusammenfassung — 116
- Literatur — 116

7	**Gut Entscheiden – der rote Faden**	**117**
	7.1 US-Airways-Flug 1549 – 15. Januar 2009	120
	7.2 Informieren	122
	7.3 Analysieren/Situation verstehen	125
	7.4 Entscheiden	127
	7.5 Dokumentieren	129
	7.6 Überzeugen	131
	7.7 Umsetzen und Kontrollieren	136
	7.8 Evaluieren	137
	7.9 Zusammenfassung	141
	Literatur	141
8	**Wenn es darauf ankommt – machen Sie es wie Petrow**	**143**
	Literatur	146
9	**Nachwort – Persönlichkeit, Führung und die Anderen**	**147**
	9.1 Zusammenfassung	151
	Literatur	152

Über die Autoren

Sven Seibold ist Psychologe und Professor für Wirtschaftspsychologie an der Hochschule Hannover. Er ist Experte für kontraproduktives Verhalten.

Alexander Horn ist Kriminalrat beim Polizeipräsidium München und Leiter der Operativen Fallanalyse Bayern. Er ist Experte für schwierige polizeiliche Ermittlungen.

Beide haben zu Entscheidungsverhalten in Extremsituationen geforscht und fanden die Ergebnisse so alltagsrelevant, dass sie diese hier praxisnah darstellen.

1

Einleitung

> In diesem Kapitel zeigen wir, warum Entscheiden so wichtig ist und wie man lernen kann, besser zu entscheiden. Der Aufbau des Buches wird erläutert und man erkennt, dass Ursachen für Fehlentscheidungen vergleichbar sind, selbst wenn die Situationen auf den ersten Blick sehr verschieden wirken: Fukushima, Hurrikan Katrina, Exxon Valdez, Ermittlungsfehler, private Fehlentscheidungen. Das sind viele verschiedene Situationen mit vergleichbaren Fehlern. Das Buch ist so praxisnah wie möglich und so wissenschaftlich wie nötig geschrieben.

Sie werden in diesem Buch aus Alltagsbeispielen und aus Extremsituationen lernen. Es geht bei jedem Beispiel darum, was Sie für sich selbst lernen können. Fangen wir gleich mit zwei Beispielen an, dem schwarzen Freitag 1929 und der Finanzkrise 2007.

Schwarzer Freitag 1929
New York, Börse, 1929, 25. Oktober, Donnerstag. Dieser Donnerstag ging in Deutschland als *schwarzer Freitag* in die Geschichte ein. Die Zeitverschiebung verwandelte den amerikanischen Donnerstag in einen deutschen Freitag. Dabei war der Freitag nicht einmal der schlimmste Tag. Noch übler waren der folgende Montag und Dienstag. Die New Yorker Börse verlor in wenigen Tagen knapp ein Drittel ihres Wertes. In den Folgejahren verloren Aktien sogar 90 % ihres Werts. Der Aktienabsturz war erst der Anfang von Schlimmerem: Es folgten eine Weltwirtschaftskrise, Banken- und Unternehmenspleiten, Massenarbeitslosigkeit mit sozialem Elend, ein Aufstieg der extremen politischen Kräfte und der zweite Weltkrieg. Die Rezession

im Jahr 1929 hätte nicht zur Weltwirtschaftskrise eskalieren müssen – wenn die Zentralbank der Vereinigten Staaten von Amerika, das Federal Reserve System, Liquidität (Geld) in die zusammenbrechenden Banken gepumpt hätte. Das nicht zu tun, war die erste vieler Fehlentscheidung auf dem Weg in den Abgrund. Zug um Zug schottete sich ein Land nach dem anderen wirtschaftlich ab. Das wirkte als Brandbeschleuniger. Erst in den fünfziger Jahren des 20. Jahrhunderts hatten die Aktien wieder den Höchststand aus dem Jahr 1929 erreicht. Die Aktien hatten sich nach gut 20 Jahren erholt, die Welt noch nicht.

Das eigene Leben
Falls Sie denken, die Weltwirtschaftskrise hat nichts mit mir und meinen Entscheidungen zu tun, halten Sie bitte kurz inne. Den Fehler, ein Feuer mit Benzin zu löschen, also bei einem Rettungsversuch eine Katastrophe erst auszulösen, machen nicht ausschließlich Banken und Staaten, sondern viele Menschen auch im Beruf oder im Privatleben. Wenn man eine Situation nicht treffend einschätzt, sei es einen Streit mit dem Nachbarn oder einen Beziehungskonflikt, kann man falsch reagieren und die Situation unnötig verschärfen. In diesem Buch verwenden wir sowohl Alltagsbeispiele wie auch Beispiele bekannter Fehlentscheidungen. Die hinter Fehlentscheidungen liegenden Muster sind vergleichbar. Oft entdeckt man fehlerhafte Muster bei bekannten Fehlentscheidungen sogar einfacher als bei seinen eigenen Alltagsentscheidungen. Wenn man fehlerhafte Muster beim Verarbeiten von Informationen oder beim Bewerten erkennt, kann man klug entscheiden lernen.

Denken statt grübeln
Nicht alle Fehlentscheidungen ziehen so harsche Folgen nach sich wie die Abschottung vieler Länder nach dem Börsenabsturz 1929 und nicht alle Situationen sind so komplex. Die (finanz)politischen Entscheidungen im Oktober 1929 vor und nach dem Kurssturz wurden intensiv diskutiert, in der Wissenschaft, der Politik und in den Medien – teilweise bis heute. Man kann hinterher immer trefflich streiten, ob in der jeweiligen Situation richtig oder falsch entschieden wurde und von wem. Dagegen ist wenig einzuwenden. Jedenfalls dann nicht, wenn diese Diskussionen zu besseren Entscheidungen in der Zukunft führen. Genau das geschieht aber zu selten. Das gilt auch im Privaten. Über einen Fehler nachdenken kann helfen, aber ständiges Herumgrübeln schadet.

Finanzkrise 2007

Im Abschlussbericht der National Commission on the Causes of the Financial and Economic Crisis in the United States zur Finanzkrise im Jahr 2007 (The Financial Crisis Inquiry Commission 2011, S. XVII–XIX, XXII) wird die Finanzkrise des Jahres 2007 als menschengemacht eingestuft. Im Finanzsystem entstehende Risiken wurden von der Politik nicht erkannt und es wurden keine Gegenmaßnahmen getroffen. Warnzeichen gab es, die wurden aber ignoriert. Fehlentscheidungen trafen sowohl die Manager von Banken, Rating-Agenturen wie auch die Bankenaufsicht und die Politik. Es wurde kein Risikomanagement betrieben, sondern eine Risikorechtfertigung. Den Preis zahlt, auch das ist nicht neu, die Gesellschaft, darunter die Schwächsten in besonderem Maß. Dennoch werden solche und ähnliche Fehler wieder passieren. Aber zumindest wurden in der Finanzkrise im Jahr 2007 in der Folgenbewältigung nicht dieselben Fehler gemacht wie im Jahr 1929. Die Volkswirtschaften schotteten sich nicht ab und es wurde sehr viel Geld in die Märkte gepumpt. Ja, Menschen sind lernfähig. Aber nein, ein Selbstläufer ist das nicht.

Vom Wesen eines Problems

Um was geht es in diesem Buch? Es geht darum, nützliche von unbrauchbaren Informationen zu unterscheiden, eigene Emotionen im Zaum zu halten und sich zum Denken zu zwingen. Wir sind überzeugt, dass man klüger entscheidet, wenn man strukturiert vorgeht (Horn 2014, S. 242–244). Erst wenn man das Wesens eines Problems erfasst und bestimmte Fehler aktiv vermeidet, kann man eine für den Einzelfall passende Lösung finden. Streite ich mit dem Nachbarn so heftig, weil er am letzten Sonntagmorgen zwei Bohrlöcher gesetzt hat, die nötig waren, damit er die neue Küche weiter aufbauen konnte? Habe ich möglicherweise nur auf einen Anlass gewartet, um mich an dem Nachbarn zu rächen, weil er mich bei meinem letzten Geburtstag um 1 Uhr gebeten hat, die Musik leiser zu drehen und er mit der Polizei drohte als ich nicht gleich reagiert habe? Die eigene Wut am Sonntagmorgen, kurz nachdem mich das Bohren aus dem Schlaf gerissen hat, ist kein guter Ratgeber für das eigene Handeln.

Kriminalfälle, Katastrophen und Alltag

Wir haben im Alltag viele Probleme gesehen und bei vielen Lösungen geholfen. Und es drängte sich der Eindruck auf, dass es häufig strukturell vergleichbare Probleme sind, die Entscheidungsprozesse so fehleranfällig machen. Wir bringen unsere Erfahrungen auf den Punkt und vereinfachen die wissenschaftlichen Befunde, um die wichtigsten Aspekte knapp und verständlich vorstellen zu können. Dabei verwenden wir gut dokumentierte

Fehlentscheidungen wie in Fukushima, Erfahrungen aus der Lösung von Kriminalfällen und praktische Beispiele. Immer mit dem Ziel, Entscheidungen besser zu machen.

1.1 Leben statt Labor

In der Regel werden in Studien zu Entscheidungen entweder schriftliche Beschreibungen (Vignetten) von fiktiven Situationen verwendet, in die sich Testpersonen hineinversetzen und entscheiden müssen oder Testpersonen treffen Entscheidungen im Labor unter standardisierten Bedingungen (Pfister et al. 2017, S. 251). Solche Studien mit Vignetten und Laborexperimenten sind für Alltagssituationen nur in Grenzen hilfreich. Selbst wenn man realitätsnahe Laborbedingungen herstellen könnte, bliebe der so aufgebaute Druck äußerlich und hätte keinen tief greifenden Einfluss, weil die Situationen nur vorgestellt/simuliert wären. Auch die Folgen solcher Entscheidungen bleiben fiktiv. Würden kritische Situationen tatsächlich realitätsgetreu experimentell umgesetzt werden, bestünden erhebliche ethische Bedenken. Und selbst dann bliebe ein Rest Unsicherheit, ob eine Simulation tatsächlich realitätsgetreu sein kann (Crandall et al. 2006, S. 19; Hammond 2000, S. IV). Der Weg über Vignetten und Laborexperimente führt uns daher nicht zum Ziel.

Interviews statt Experimente
Was bleibt, sind Interviews mit Menschen, die selbst in schwirigen Situationen Probleme gelöst und entschieden haben. Allerdings sammelt man damit Einzelfälle, die zur Anekdotensammlung abgleiten können. Wir sehen bei dem derzeitigen Wissensstand trotz des Anekdotenrisikos keinen anderen Weg und haben Interviews mit Menschen geführt, die unter schwirigen Bedingungen entschieden haben. Dabei sind sowohl Situationen hilfreich, bei denen eine Problemlösung gelang oder eine Entscheidung gut war, wie auch Situationen, in denen eine Problemlösung nicht gelang oder eine Entscheidung schlecht war.

Muster erkennen
Wir prüften anhand der Interviews, ob es bei Entscheidungen und Problemlösungen in schwirigen Situationen Ähnlichkeiten in der Informationsaufnahme, der Analyse und der Art zu entscheiden gibt und welche Empfehlungen man ableiten kann. Eine zufallsgesteuerte Stichprobenauswahl liegt nicht vor. Wir besuchten die Interviewten und sprachen mit

ihnen in deren beruflichem und teilweise in deren privatem Umfeld. Die Gespräche dauerten im Durchschnitt einen guten halben Tag. Die Interviewten opferten ihre Zeit und schilderten offen teilweise schmerzliche Erfahrungen und auch eigene Fehlentscheidungen. Für das Entgegenkommen und das Vertrauen bedanken wir uns herzlich. Aus Gründen der Anonymitätssicherung nennen wir hier im Buch keine Namen. Stellenweise verändern wir für das Kerngeschehen unwichtige Details so, dass ein Rückschluss auf die jeweilige Person ausgeschlossen ist.

Zu den interviewten Menschen
Wir interviewten Extrembergsteiger, in Krisenregionen tätige Sicherheitsberater, Führungskräfte und Mitarbeiter von Spezialeinheiten. Ziel war eine Sättigung, das heißt möglichst viele unterschiedliche Entscheidungen sollten durch die ausgewählten Interviewpersonen abgedeckt werden. Sobald eine Sättigung vorliegt, wären von zusätzlichen Interviews keine neuen relevanten Informationen mehr zu erwarten. Ab wann eine Sättigung vorliegt, kann nur schwer abgeschätzt werden. Wie haben bislang 40 Entscheidungen in kritischen Situationen gesammelt.

Fehler und Fallen
Bei der Interpretation der Interviews sollte man Verzerrungen in der Erinnerung und in der Schilderung der Befragten einkalkulieren. Auch ist mit Abweichungen vom tatsächlich Geschehenen zu rechnen, die das Selbstbild der Interviewperson erhalten oder verstärken. Eine Gleichsetzung einer Interviewäußerung mit dem realen Ablauf in schwierigen Situationen ist deshalb nicht sinnvoll. Mitunter vergessen Interviewpersonen, wie ihre Einschätzung vor dem Ereignis gewesen ist und schildern eine Situation mit dem späteren Wissen zum Interviewzeitpunkt (Rückschaufehler) (Hofinger 2008, S. 42). Manche Interviewpersonen rechtfertigen sich für ihre Entscheidungen und schildern nicht, wie die fragliche Entscheidung tatsächlich abgelaufen ist. Damit ist vor allem bei Situationen zu rechnen, in denen sich eine Entscheidung später als falsch erwiesen hat. Diese und andere Verzerrungen behalten wir bei der Analyse der Interviews im Auge.

Grenzen von Interviews
Trotz aller Bemühungen: Automatische unbewusste Prozesse können mit Interviews nicht erfasst werden (Betsch 2011, S. 98). Unsere Interviews zeigen: Entscheidungen sind fehleranfällig und überfordern viele Menschen. Woran liegt das? Sind die Informationen unvollständig oder fehlerhaft? Können Informationen nicht korrekt verarbeitet werden? Fehlt es an der

konsequenten Umsetzung einer eigentlich guten Entscheidung? Verstörend bleibt, wie oft es klugen Menschen nicht gelingt, klug zu entscheiden.

Grenzen von Menschen
In diesem Buch schildern wir, wie Menschen entscheiden, warum das so ist und was man daran ändern sollte und kann. In unserer langjährigen Kooperation hatte sich bei der Aufklärung von Kriminalfällen bis hin zu Managementberatungen immer wieder gezeigt, dass kluges Entscheiden ebenso notwendig wie schwierig ist. Selbst erfahrene Entscheider stoßen in schwierigen Situationen überraschend schnell an ihre Grenzen.

Erfahrung und Persönlichkeit
Sowohl in Ad-hoc-Situationen mit extremem Zeitdruck wie auch bei strategischen Entscheidungen gibt es neben dem Situationsverständnis noch weitere Einflussgrößen. Das Hintergrundwissen, die Erfahrung und Persönlichkeit eines Entscheiders bestimmen den individuellen Rahmen, in dem sich ein Entscheidungsprozess abspielt. Verfügt ein Entscheider über das notwendige Hintergrundwissen, um mit einer Situation umzugehen oder noch besser, hat er eine solche Situation bereits erlebt und emotional durchstanden? Behält ein Entscheider aufgrund hoher emotionaler Stabilität die Nerven oder lässt er sich aus der Ruhe bringen? Heikel wird es, wenn Entscheider plötzlich mit einer neuen Situation konfrontiert werden, für die sie nicht oder nur abstrakt vorbereitet sind. Wenn beispielsweise der Leiter einer Sonderkommission zu einem ungeklärten Tötungsdelikt mit Ermittlungen von dieser Qualität und diesem Umfang nicht vertraut ist, hängt es von der Lerngeschwindigkeit und der emotionalen Stabilität des Entscheiders ab, ob er die Situation erfolgreich meistern oder ob er scheitern wird. Die Person des Entscheiders ist ein Thema für ein eigenes Buch. Hier würde eine vertiefte Befassung mit Persönlichkeitseigenschaften, Motiven, Werten, Interessen, persönlichen Erfahrungen und Einstellungen von Entscheidern den Rahmen sprengen.

Praxistest
Wir haben unsere Ideen in Vorträgen und Seminaren auf praktische Verwendbarkeit überprüft. Viele unserer Zuhörer und Seminarteilnehmer wünschten sich ein Buch, in dem sie die wichtigsten Hinweise zum Entscheiden auf den Punkt gebracht nachlesen können. Zunächst taten wir uns mit dem Gedanken schwer, da wir oft genug erlebt hatten, dass oberflächlich scheinbar gleiche Situationen durch Unterschiede in einem Detail, beispielsweise in der Persönlichkeit des Entscheiders oder in der Organisationskultur,

auf verschiedene Art und Weise gelöst werden mussten. Mit dieser Einschränkung ist dieses Buch zu lesen. Das Buch hilft Ihnen dabei, kluge Entscheidungen zu treffen.

1.2 Kluge Entscheidungen sind nützlich

Wie kann man feststellen, ob eine Entscheidung klug war oder nicht? Dazu braucht man einen Bewertungsmaßstab. Das klingt einfacher als es ist.

Qualität – Wahrscheinlichkeiten oder Folgen
Die statistische Wahrscheinlichkeit, das gängige Qualitätskriterium in Entscheidungsexperimenten, ist für Entscheidungen im Alltag meist untauglich. Die klassischen Experimente zeigten, dass sich Menschen nicht optimal im Sinne von Erwartungswerten (Wahrscheinlichkeiten) verhalten – also im Vergleich zu einem formalen statistischen Standard fehlerhaft entscheiden. Daraus wurde vorschnell abgeleitet, dass Menschen nicht rational entscheiden. Das ist unserer Ansicht nach nicht richtig. Vielmehr genügte es den Testpersonen, das ist letztlich im Alltag sogar vernünftig, zu wissen, dass eine negative Konsequenz eintreten *könnte* (Huber 2004, 129) – wie exakt wahrscheinlich eine negative Konsequenz war, interessierte die Testpersonen nicht. Menschen verhalten sich nicht statistisch rational, sondern evolutionär rational.

> **Beispiel**
> Angenommen Sie riechen Rauch und Sie wissen, es *könnte* brennen. Dann ist es vernünftig, das Haus schnell zu verlassen, auch wenn Sie nicht die exakte Wahrscheinlichkeit kennen, dass es tatsächlich brennt. Im schlimmsten Fall haben Sie fluchtartig das Haus verlassen und merken auf der Straße, dass der Rauch vom Grill aus dem Nachbargarten kommt. Und? Sie sind nur umsonst aus dem Haus gerannt. Umgekehrt: Angenommen Sie wären im Haus geblieben und es hätte tatsächlich gebrannt.

Was wären die Folgen gewesen? Sie wären gestorben oder hätten sich zumindest in Gefahr gebracht. Diese Fehlentscheidung wäre gravierender gewesen. Daher ist es evolutionär sinnvoll, bei Rauch das Haus zu verlassen, obwohl man nicht sicher weiß, ob es tatsächlich brennt. Es ist, selbst bei einer geringen Wahrscheinlichkeit von einem Prozent, dass der Rauch von einem Brand im eigenen Haus stammt, evolutionär sinnvoll, das Haus zu verlassen.

Anpassungsrationalität

Entscheidungen werden in aller Regel nicht so getroffen, dass man jede erdenkbare Handlungsmöglichkeit durchdenkt und gegen alle anderen Handlungsmöglichkeiten rational abwägt. Das heißt nicht, dass Menschen nicht rational entscheiden können. Anstelle Rationalität formal statistisch zu definieren und Abweichungen als (Entscheidungs)Fehler zu beurteilen, sollte man Rationalität evolutionär definieren und von Anpassungsrationalität sprechen (Buss 2016, 384–385; Goldstein und Gigerenzer 2002, 75–76; Haselton und Nettle 2006, S. 59–60).

> **Wichtig**
>
> In unsicheren Situationen helfen statistische Wahrscheinlichkeiten oft nicht weiter, weil die erforderlichen Informationen nicht vorliegen oder nicht hinreichend Zeit zur Verarbeitung aller Informationen bleibt. Statistisch rationales Entscheiden würde in vielen Situationen noch nicht einmal rein theoretisch zu besseren Entscheidungen führen.

1.3 Was Sie erwartet – Aufbau des Buches

In den nächsten Kap. 2 *Situationen – was Entscheiden schwer macht*, 3 *Emotionen – schlechter als ihr Ruf* und 4 *Denken – ist anstrengend, hilft aber*, schildern wir, was heikle Entscheidungssituationen ausmacht, mit welchen eigenen und fremden Emotionen man sich dabei herumplagen muss und welche Art von Denken hilfreich ist und welche nicht. In den Kap. 5 *Fakten, Wahrnehmungen und Hypothesen*, Kap. 6 *Rekonstruktion – man muss eine Situation verstehen* und Kap. 7 *Gut entscheiden – der rote Faden* stellen wir Hilfen vor, mit denen man bessere Entscheidungen treffen kann. Damit helfen wir, die Unsicherheit vor, während und nach Entscheidungen zu verringern und geben einen roten Faden an die Hand, um Krisensituationen handlungssicher meistern zu können. Sehr eilige Leser können direkt in Kap. 7 *Gut entscheiden – der rote Faden* einsteigen. In Kap. 8 *Wenn es darauf ankommt – machen Sie es wie Petrow* schildern wir abschließend ein Fallbeispiel, das uns besonders beeindruckt und das die von uns vorgeschlagene Vorgehensweise veranschaulicht. Das abschließende Kap. 9 *Nachwort – Persönlichkeit, Führung und die Anderen* gibt einen Ausblick zu zwei weiteren wichtigen Einflüssen auf das Entscheiden – Persönlichkeit und Team.

Der innere Schweinhund
Unser Ansatz ist sowohl im Beruf wie im Privaten verwendbar. Allerdings, soviel vorweg, es ist anstrengend gute Entscheidungen zu treffen. Man muss dem inneren Schweinehund entgegentreten und sich zum Denken zwingen, selbst wenn man das nicht möchte und sich vielleicht auch nicht zutraut. Kommen Sie mit auf die Reise. Es lohnt sich.

Literatur

Betsch, T. (2011). Entscheiden. In T. Betsch, J. Funke & H. Plessner (Hrsg.), *Denken – Urteilen, Entscheiden, Problemlösen* (S. 66–134). Berlin: Springer.

Buss, D.M. (2016). *Evolutionary Psychology. The New Science of the Mind* (5 Aufl.). London: Routledge.

Crandall, B., Klein, G., & Hoffman, R.R. (2006). *Working Minds. A Practioner's Guide to Cognitive Task Analysis*. Cambridge (Masschusetts), USA: MIT Press.

Goldstein, D.G., & Gigerenzer, G. (2002). *Models of Ecological Rationality: The Recognition Heuristic Psychological Review*, 109(1) (S. 75–90).

Hammond, K.R. (2000). *Judgements under Stress*. New York (N.Y.), USA: Oxford University Press.

Haselton, M.G., & Nettle, D. (2006). *The Paranoid Optimist: An Integrative Evolutionary Model of Cognitive Biases Personality and Social Psychology Review*, 10(1) (S. 47–66).

Hofinger, G. (2008). Fehler und Unfälle. In P. Badke-Schaub, G. Hofinger, & K. Lauche (Hrsg.), *Human Factors. Psychologie sicheren Handelns in Risikobranchen* (S. 36–55) Heidelberg: Springer.

Horn, A. (2014). *Die Logik der Tat Droemer*. München: Droemer.

Huber, O. (2004). Entscheiden unter Risiko: Aktive Risiko-Entschärfung *Psychologische Rundschau*, 55(3) (S. 127–134).

Pfister, H.R., Jungermann, H., & Fischer, K. (2017). *Die Psychologie der Entscheidung* (4 Aufl.) Berlin: Springer.

The Financial Crisis Inquiry Commission (2011). *The Financial Crisis Inquiry Report. Final Report of the National Commission on the Causes of the Financial and Economic Crisis in the United States* (Official Government Edition). Washington, DC: US Government Printing Office.

2

Situationen – was Entscheiden schwer macht

> In diesem Kapitel zeigen wir: Man kann Situationen nur dann in ihrem Kern verstehen und klug entscheiden, wenn man Unsicherheit aushält und seiner Denkfaulheit ein Schnippchen schlägt. Nicht jeden Fehler muss man selbst begehen, sondern man kann von anderen lernen, gerade auch aus deren Fehlern. Überheblichkeit ist dabei fehl am Platz. Was im bequemen Sessel ganz leicht aussieht, ist es unter starkem Stress nicht. In diesem Kapitel werden die Situationen unmittelbar vor bekannten Fehlentscheidungen analysiert.

Gurkensalat oder Currywurst

Nicht jede Situation ist komplex. Und nicht jede Entscheidung ist schwer. Die Entscheidung, ob man einen Gurkensalat mit Joghurtdressing oder eine Currywurst mit Pommes isst, ist weder komplex noch sind langfristige Folgen zu erwarten – es sei denn, man isst jeden Tag eine Currywurst mit Pommes. Das ist aber ein anderes Thema. Um solche Standardentscheidungen geht es hier nicht, sondern um solche, die man unter dem Begriff Krisensituationen fassen kann. Auch privat kann man in Krisensituationen geraten. Wir schildern nachfolgend öffentlich bekannt gewordene Fälle, vor allem, weil diese Fälle gut dokumentiert sind und man genau nachvollziehen kann, wie entschieden wurde. Diese Präzision in der Aufbereitung ist bei den meisten beruflichen und privaten Entscheidungen nicht möglich. Die Analyse dieser akribisch aufbereiteten Fälle schärft den Blick für das Verstehen von Situationen, auch im eigenen Leben.

Entscheiden heißt wählen
Man wählt zwischen zwei oder mehr Alternativen (Optionen), wobei man durch die Entscheidung für eine Alternative, die Vorteile der anderen Alternative(n) verliert (Betsch et al. 2011, S. 3). Wer das nicht akzeptieren kann, hat schon verloren, bevor es losgeht, weil er ständig zwischen den Alternativen hin- und herschwankt.

Dummerweise haben gerade Fehlentscheidungen in komplexen Krisensituationen gravierenden Folgen. Oft sind solche Situationen dynamisch, können sich also auch ohne eine Entscheidung verschlechtern. Nichtentscheiden ist insofern auch eine Art von Entscheidung: Die Entscheidung es einfach laufen zu lassen. Bevor man entscheidet, sollte man eine Situation zuallererst erkennen und verstehen. Das klingt leichter als es ist und es wird umso mühsamer, je komplexer eine Situation ist.

Vollständiges Wissen ist eine Illusion
Komplexe Situationen sind nicht auf den ersten Blick und meist auch nicht auf den zweiten oder dritten Blick vollständig durchschaubar. In komplexen Situationen wirken viele Einflüsse, die sich zu allem Überfluss auch noch wechselseitig aufschaukeln können. Es ist oft nicht möglich, vollständiges Wissen über komplexe Situationen zu erlangen. Unserer Einschätzung nach beeinflussen drei Hauptfaktoren den Schwierigkeitsgrad:

- die Informationslage
- der Handlungsdruck
- die Entscheidungsperson.

2.1 Fukushima, Katrina und andere Katastrophen

Viele Situationen – vergleichbare Fehler
Wir sind in das Thema Entscheiden hineingeschliddert. Zunächst hatten wir aus purem Interesse, den Bericht der japanischen Untersuchungskommission zu der Nuklearkatastrophe in Fukushima (Kurokawa 2012) gelesen. Fukushima hatte die Welt verändert und der japanische Untersuchungsbericht war unerwartet offen und klar – er war ungemein spannend. Wir diskutieren und hatten beide den Eindruck, ähnliche wie von der Untersuchungskommission beschriebene Fehler selbst schon beobachtet zu haben, wenn auch nicht mit solch katastrophalen Folgen.

Unser Interesse war geweckt, wir fingen an nach Mustern zu suchen und als nächstes nahmen wir uns den Abschlussbericht der Untersuchungskommission zum Hurrikan Katrina (Davis 2006) vor. Der Hurrikan Katrina hatte Ende August 2005 im Südosten der USA gewütet. Die konkreten Fehler waren im Detail andere als in Fukushima, aber die dahinterliegende Struktur schien uns ähnlich. Als nächstes prüften wir den Bericht zur Ölkatastrophe in Alaska im Jahr 1989, ausgelöst durch den auf Grund gelaufenen Tanker Exxon Valdez. Am 24. März 1989, kurz nach Mitternacht, war der Supertanker Exxon Valdez auf das Bligh-Riff aufgelaufen und es ergossen sich rund 37.000 t Rohöl in den Prinz-William-Sund – 2.000 km Küste wurden verseucht (Parker 1990, S. iii). Wir haben auch Positivbeispiele analysiert, wie die erfolgreiche Notwasserung des US-Airways-Fluges 1549 durch Chesley Sullenberger auf dem Hudson River am 15. Januar 2009, nachdem beide Triebwerke durch Vogelschaden ausgefallen waren (National Transportation Safety Board 2009). Auch die Expedition der *Endurance* zum Südpol, die zwar ihr ursprüngliches Ziel 1915 wegen Einschluss des Schiffes durch Packeis nicht erreichte hatte, bei der aber nach 635 Tagen im Eis alle Besatzungsmitglieder lebend gerettet wurden, liefert Hinweise auf gutes Entscheiden. Zwar wird kaum jemand eine Südpolexpedition begleiten, aber man kann lernen, wie man unter Belastung gut führt.

Täterentscheidungen bei Sexualmorden
Das Thema Entscheiden fiel uns immer wieder vor die Füße. Selbst bei einem Thema, das auf den ersten Blick keinen direkten Bezug zu haben scheint. Die Analyse der aufgeklärten Sexualmorde in Bayern im Zeitraum von 1979 bis 2008 (Litzcke et al. 2015) beschäftige uns rund 10 Jahre. Damals wollten wir verstehen, warum Täter in bestimmten Tatphasen bestimmte Entscheidungen getroffen hatten. Hier eine Auswahl der Fragen, die uns umtrieben:

- Welches konkrete Opfer wählt ein Täter aus? Die Frage ist wichtig, wenn sich Täter und Opfer vor der Tat nicht kannten. Der Täter wählt dann eine unbekannte Person nach bestimmten Kriterien aus oder möglicherweise allein deshalb, weil das Opfer zu dieser Zeit für ihn leicht verfügbar ist.
- Warum entscheidet ein Täter nach einer Vergewaltigung das Opfer zu töten? Damit wird aus einer Vergewaltigung ein Sexualmord. Und warum entscheidet ein anderer Täter anders?

- Warum nehmen sich manche Täter die Zeit, Spuren zu verwischen und andere Täter verlassen panikartig den Tatort, obwohl die Zeit gereicht hätte, den Tatort in aller Ruhe zu säubern?

Entscheidungen überall
Auch in anderen Anwendungsfällen stießen wir auf die Frage, wie Menschen entscheiden. Beispielsweise bei Entscheidungen in fallanalytischen Teams, bei der Untersuchung von korruptem Verhalten sowie in polizeilichen Vernehmungen und anderen Befragungssituationen. Mit anderen Worten: Wir konnten dem Thema einfach nicht entkommen. Wir befassten uns über die Zeit immer intensiver mit Entscheidungen und als ein Ergebnis legen wir dieses Buch vor.

So praxisnah wie möglich und so wissenschaftlich wie nötig
Bei aller Wertschätzung für persönliche Erfahrungen mit Entscheidungen sollte man nicht den Blick für eine empirische Absicherung und den Wert soliden wissenschaftlichen Vorgehens aus den Augen verlieren. Mit dem Buch beschreiten wir den schmalen Grat zwischen praktischer Anschaulichkeit und wissenschaftlicher Präzision.

Situation erfassen
Nicht alle wissenschaftlichen Studien sind in gleicher Weise praktisch hilfreich. Entscheidungen in deren natürlicher Umgebung unterscheiden sich in wichtigen Aspekten von Entscheidungen in Laborexperimenten. Beispielsweise sind Entscheider in natürlicher Umgebung eher daran interessiert, eine Situation genau zu erfassen sowie mögliche Änderungen zu bemerken als damit, viele Optionen zu entwickeln und miteinander zu vergleichen (Zsambok 1997, S. 4). Hierzu ein Zitat aus einem Interview, das wir mit einem Extrembergsteiger geführt haben: „Es wäre ein Fehler gewesen, viele Optionen abzuwägen. Die Zeit hätte ich nicht gehabt …. Wenn man zu viele Optionen abwägt, kann es sein, dass man nicht mehr handeln kann." In der geschilderten Situation war es überlebenswichtig, die gefährliche Situation zu erkennen, der Angst nicht nachzugeben und die eine verbleibende Option ohne Zögern anzupacken.

Entscheiden im Alltag
Dass es Unterschiede zwischen den Ergebnissen von Laborexperimenten und Entscheidungen in natürlicher Umgebung gibt, liegt nicht nur daran, dass man Realität nicht vollständig im Labor simulieren kann, sondern

auch daran, dass in Laborexperimenten unerfahrene Personen, in der Regel Studierende, in für sie irrelevanten Situation entscheiden und selbst bei Fehlentscheidungen keine ernsten Folgen zu befürchten haben. Dadurch verschiebt sich der Blick im Labor auf eine späte Phase von Entscheidungen, auf die Wahl zwischen Optionen (Zsambok 1997, S. 4). Deshalb kann man vermuten, dass die Ergebnisse der Laborexperimente zwar nicht per se falsch sind, aber den Fokus auf eine späte Phase von Entscheidungen legen, die bei Entscheidungen in natürlicher Umwelt nur ein Aspekt unter vielen ist. Bei Entscheidungen in natürlichen Umgebungen ist eine situative Aufmerksamkeit, ein frühes Erkennen von Entscheidungsbedarf oder Problemen besonders wichtig (Zsambok 1997, S. 5). Der Fokus liegt auf den früheren Phasen von Entscheidungen.

> **Wichtig**
> Wenn man mögliche Entscheidungsoptionen herausgearbeitet hat, hat man die schwerste Arbeit eigentlich schon geschafft – und erst an dieser Stelle setzen die meisten Laborexperimente ein.

Im Vergleich zu Laborexperimenten sind Entscheidungen in natürlichen Umwelten nach Zsambok (1997, S. 5) geprägt durch:

- schwach strukturierte Probleme
- unsichere, dynamische Umwelten
- Zeitdruck
- schwach definierte, widersprüchliche und wechselnde Ziele
- Entscheidungsketten, also nicht durch Einmalentscheidungen,
- relevante Entscheidungsfolgen
- ggf. viele Mitakteure
- ggf. Organisations- oder Gruppennormen.

2.2 Von Experimenten und der Welt da draußen

Wichtige Grundlagen für das Verstehen von Entscheidungen und das Lösen von Problemen wurden mittels Laborexperimenten geschaffen. Daher kann auf die Ergebnisse aus Laborexperimenten bei aller Kritik an der begrenzten Übertragbarkeit auf reale Entscheidungen nicht vollständig verzichtet werden. Zudem kann selbst die schönste Anekdote, wir verwenden zur Veranschaulichung auch welche, systematisches Vorgehen nicht ersetzen.

Zwei gute Bücher
Wir erfinden das Rad nicht neu, sondern nur die eine oder andere Speiche. Zu den Themen Entscheiden und Problemlösen liegen gute Bücher vor, die den wissenschaftlichen Sachstand darstellen, beispielsweise das Werk von Pfister et al. (2017) und etwas spezifischer für komplexe Situationen das noch immer lesenswerte Buch von Dörner (1989).

Theorie-Praxis-Lücke
Unglücklicherweise beruhen viele Erkenntnisse zum Denken und zum Problemlösen auf Laborexperimenten, in denen die Testpersonen vergleichsweise entspannt über Dinge entscheiden, die keine Bedeutung in ihrem persönlichen Leben hatten. Im Vergleich dazu haben private Entscheidungen über eine komplizierte Operation, über eine mögliche Heirat oder die Pflege der Eltern ebenso wie eine berufliche Neuorientierung eine andere Wucht. Selbst bei Misserfolg ist im Labor nicht mehr als das Selbstbild bedroht, weil man möglicherweise ein schlechterer Entscheider ist als man sich wünscht. Das kann zwar auch weh tun, hat aber überschaubare Folgen. Daher können Theorien und Modelle, die überwiegend oder ausschließlich auf Laborexperimenten beruhen, nicht einfach auf Entscheidungen im Alltag übertragen werden.

Starker Stress behindert
Einige, wie beispielsweise Huber (2004), halten die Ergebnisse von Laborforschung im Alltag sogar für weitgehend unbrauchbar. Auch die Erfahrungen von Klein (2004) lassen vermuten, dass man die Ergebnisse aus Laborexperimenten nur begrenzt auf Entscheidungen übertragen kann. Aus unserer Sicht sollte man die Ergebnisse aus Laborexperimenten kennen, dabei allerdings deren Grenzen im Auge behalten.

> **Wichtig**
> Zu erwarten ist, dass Einschränkungen, die bereits im Labor auf Entscheidungen durchschlagen, unter starkem Stress im Alltag noch stärker wirken (Hammond 2000, S. 6–8). Umgekehrt wird nicht alles, was im Labor gerade noch funktioniert, auch im Alltag klappen.

Betrachten wir zunächst einige Beispiele, bei denen dies nicht gelang.

2.3 Tschernobyl 1986: Problem zu spät erkannt

Es wird unterschätzt, wie wichtig es ist, ein Problem überhaupt erst einmal zu erkennen. Beispielsweise wurde in Tschernobyl im Jahr 1986 die kritische Situation zu spät erkannt (Funke 2011, S. 146–147). Dörner (1989, S. 47–50) beschreibt den Ablauf aus psychologischer Perspektive, verdichtet auf die Frage, wie die Entscheidungen getroffen wurden. Siehe hierzu die folgenden Abschnitte, die auf Dörner (1989) beruhen.

Dynamik der Situation nicht erkannt
Am 26. April 1986 explodierte ein Reaktor des Kernkraftwerks in Tschernobyl nördlich von Kiew. Was war passiert? Einen Tag vor der Explosion, am 25. April 1986 um 13 Uhr wurde der Reaktor heruntergefahren. Ziel war eine Leistungsfähigkeit von 25 % – in diesem Zustand sollten Tests durchgeführt werden. Um 14 Uhr trennte man planmäßig das Notkühlsystem vom Reaktor, damit es während der geplanten Tests nicht versehentlich anspringen konnte. Einige Stunden später war der Reaktor auf 1 % seiner Leistungsfähigkeit heruntergefahren worden. Wie konnte das passieren? Das Bedienpersonal hatte versucht, die Zielgröße 25 % durch Handsteuerung zu erreichen und hatte die Automatik ausgeschalten. Die Dynamik des Eigenbremsverhaltens des Reaktors wurde unterschätzt und deshalb wurde übersteuert. Letztlich war nur der Zustand gesteuert worden und nicht der Prozess. Das entpuppte sich als gravierender Fehler. Reaktoren dieser Art werden instabil, wenn sie unter 20 % ihrer Leitungsfähigkeit abgesenkt werden.

Erster und zweiter Fehler
Das zu starke Herunterfahren wurde vom Bedienpersonal immerhin bemerkt und es wurde gegengesteuert. Nach einer halben Stunde war die Leistungsfähigkeit von einem auf sieben Prozent hochgefahren. Bis dahin hätte es noch gut gehen können. Ging es aber nicht. Der Test wurde fortgesetzt – bei 7 % Leistungsfähigkeit statt wie geplant bei 25 % Leistungsfähigkeit.

Fantasiemangel
Dörner (1989, S. 51) vermutet mehrere Ursachen für diese gravierende Fehlentscheidung. Zum einen Zeitdruck, das lästige Testprogramm sollte abgeschlossen werden. Zum anderen hatte das Bedienpersonal nur

eine abstrakte Vorstellung vom Instabilitätsrisiko. Ein Nuklearunfall lag außerhalb des Vorstellbaren. Ein eklatanter Mangel an Fantasie hinsichtlich denkbarer Szenarien stellt übrigens wiederkehrend ein Problem dar, wie sich beispielsweise an den Anschlägen vom 11. September 2001 in den USA oder der Mordserie des Nationalsozialistischen Untergrunds (NSU) in den Jahren 2000 bis 2007 in Deutschland zeigt. Für Details zum Nationalsozialistischen Untergrund siehe Horn (2014, S. 168–179).

Frühere Fehler bahnen den Weg
Zurück zu Tschernobyl. Bereits im Vorfeld hatte es in Tschernobyl Regelverletzungen durch das Bedienpersonal gegeben. Sicherheitsvorschriften waren schon oft verletzt worden, bislang folgenlos. Der Fehlentscheidung mit katastrophalen Folgen waren viele folgenlose Fehlentscheidungen vorausgegangen, die zu einer Gewöhnung an Regelverstöße führte.

Rückkoppelung
Es wurde noch schlimmer (Dörner 1989, S. 52): Um 1:03 am 26. April 1986 wurden alle acht Pumpen des Primärkreislaufes eingeschaltet, was übrigens verboten war – es hätten nur maximal sechs Pumpen eingeschaltet werden dürfen. Vermutlich sollte der Reaktor durch das Einschalten aller acht Pumpen stabilisiert werden. Dabei wurde übersehen, dass eine derart massive Kühlung zu einer Rückkopplung führt. Ein großer Teil der Brennstäbe wurde automatisch aus dem Reaktor entfernt. Die Operateure hatten isoliert gedacht und Fern- sowie Nebenwirkungen übersehen.

Eine Minute
Es folgten noch weitere Fehler, die wir hier überspringen. Das Ausmaß der Bedrohung hatte das Bedienpersonal kurz vor der Explosion noch immer nicht erkannt. Noch zwei Minuten vor der Explosion entschloss sich der Schichtführer, den Test fortzusetzen (Dörner 1989, S. 54). Erst eine Minute vor der Explosion wurde eine Notbremsung versucht – da war es zu spät (Dörner 1989, S. 54).

Was man für den Alltag lernen kann
Das Bedienpersonal in Tschernobyl zeigte typische menschliche Fehler um Umgang mit komplexen Situationen (Dörner 1989, 54): Exponentielle Entwicklungen werden unterschätzt, übrigens auch in der COVID-19-Pandemie, Neben- und Fernwirkungen werden nicht erkannt, Handlungen werden unter Zeitdruck fehldosiert. Dabei war das Bedienpersonal ein

eingespieltes Team von Experten. Dörner (1989, S. 55) zufolge hatte das Bedienpersonal den Reaktor nicht analytisch, sondern intuitiv gesteuert.

Typische Fehler
Die Nuklearkatastrophe von Tschernobyl unterscheidet sich in den Ursachen und im Ablauf erheblich von der Nuklearkatastrophe in Fukushima 2011. Die Nuklearkatastrophe von Fukushima wird später ausführlich analysiert. Zunächst wechseln wir den Anwendungsbereich, um zu zeigen, dass typische Fehler immer wieder in verschiedenen Situationen auftreten. Man kann daher nicht von isolierten Fehlentscheidungen sprechen, sondern von einem Muster typischer Fehlentscheidungen.

2.4 Exxon Valdez: Gier schlägt Gehirn

In den Jahren vor dem Auflaufen der Exxon Valdez auf das Bligh-Riff in Alaska wurden die Regeln für den Transport von Öl regelmäßig missachtet, damit die Supertanker ihre Ladung schneller ans Ziel transportieren konnten. Profitgier hatte die Sicherheitsregeln ausgehebelt (Parker 1990, S. iv). Durch das Unglück selbst starben keine Menschen. Drastisch waren die Folgen für die Fischerei, die Natur und den Tourismus (Parker 1990, S. 5).

18 Stunden im Dienst
Gregory Cousins war zum Unglückzeitpunkt der einzige Offizier auf der Brücke, obwohl zwei Offiziere auf der Brücke hätten anwesend sein müssen. Gregory Cousins, das wurde akribisch rekonstruiert, war vor dem Auflaufen auf das Bligh-Riff, das außerhalb des Fahrwassers liegt, bereits rund 18 h im Dienst (Parker 1990, S. 11). Er bemerkte kurz vor dem Unfall, dass er das Schiff zurück in das Fahrwasser steuern musste. Der Ausguck, Maureen Jones, meldete zur selben Zeit das Leuchtfeuer des Bligh-Riffs in einer Position auf Steuerbord, die zeigte, dass sich die Exxon Valdez gefährlich weit außerhalb des Fahrwassers befand. Cousins gab sofort Befehl für eine Kursänderung und rief Kapitän Joseph Hazelwood in dessen Kabine an, dass er das Schiff zurück in das Fahrwasser steuerte. Weil sich die Exxon Valdez nicht schnell genug drehte, steuerte Cousins nach. Als Cousins merkte, dass sich das Schiff in großer Gefahr befand, rief er den Kapitän erneut an. Am Ende des Gesprächs kollidierte die Exxon Valdez mit dem Bligh-Riff (Parker 1990, S. 12).

Kapitän war betrunken
Kapitän Joseph Hazelwood war zum Zeitpunkt des Unglücks betrunken. Seinen Autoführerschein hatte er zum Unglückszeitpunkt bereits wegen Trunkenheit am Steuer verloren. Allerdings hatte er das Unglück nicht persönlich verursacht, da er in der kritischen Zeit betrunken in seiner Kabine gelegen war. Dennoch stutz man, wie es möglich war, dass Joseph Hazelwood zwar nicht mehr Auto fahren, aber Supertanker steuern durfte.

Es ist ja immer gut gegangen
Die Exxon Valdez war bewusst aus dem Fahrwasser herausgesteuert worden, um Zeit zu sparen, anstatt bei langsamer Fahrt an Eisbergen im Fahrwasser vorbeizusteuern (Parker 1990, S. 27). Das war zuvor immer gut gegangen.

Behördenversagen
Die US-amerikanischen Behörden waren auf ein Unglück dieser Größenordnung nicht vorbereitet. Die Reaktion der zuständigen Behörden nach dem Unglück war ineffektiv, sie waren schlecht ausgerüstet und unterbesetzt (Parker 1990, S. 27). Auch das waren Folgen von Fehlentscheidungen, die allerdings lange vor dem Unglücktag getroffen worden waren. Insgesamt kann man das Krisenmanagement als misslungen bezeichnen, hier die Bewertung aus dem Untersuchungsbericht (Parker 1990, S. 64): Konfusion beschreibt die ersten Wochen in der Bekämpfung der Ölpest am besten. Zwar erreichte Material aus dem ganzen Land Alaska und es wurden Arbeiter angeheuert, aber es gab keinen Mobilisierungsplan für eine solche Ölkatastrophe.

2.5 Die Barings Bank und der erfolgreiche Nick: Erfolg ist keine Garantie

Fehlerhafte Entscheidungen finden sich auch in anderen Bereichen, wie das folgende Beispiel aus dem Bereich der Finanzwirtschaft verdeutlicht. Maring (2017, S. 111) schildert das Versagen der bankinternen Kontrollen sowie Fehlentscheidungen der Barings Bank mit fatalen Folgen: Die Barings Bank verschwand im Februar 1995 nach hohen Verlusten vom Markt, nachdem sich Nick Leeson, Leiter eines Geschäftsbereichs in Singapur, verspekuliert hatte.

Warnung verpufft
Bereits einige Jahre zuvor hatte es interne Warnungen gegeben, dass nicht klar genug geregelt sei, was Nick Leeson machen dürfe und was nicht. Die Warnung verpuffte, Nick Leeson war einfach zu erfolgreich. Auch eine Revision wies auf die Machtkonzentration bei Nick Leeson hin und es wurde empfohlen das zu ändern – letztlich kontrollierte Nick Leeson seine Aktionen selbst. Nick Leeson wurde ansonsten im Revisionsbericht gelobt. Das Topmanagement übertrug ihm die Befugnisse, sowohl mit Aktien zu handeln wie auch deren verwaltungstechnische Abwicklung zu übernehmen. Der Revisionsbericht verpuffte wirkungslos. Erfolg macht unantastbar.

Der entscheidende Fehler
Obwohl die Bündelung von Ausführung und Kontrolle die formalen Prinzipien des Finanzdiensthandels verletzte, entschied sich das Topmanagement für diese Lösung (Culjak 2015, S. 9). Das war der entscheidende Fehler, auch wenn das zu dem Zeitpunkt noch nicht auffiel. Einige Zeit später ließ Nick Leeson hohe Positionen (Verbindlichkeiten) in der Hoffnung offen, diese später ausgleichen zu können. Die Hoffnung war trügerisch. Schließlich buchte Nick Leeson die Verluste auf ein Geheimkonto und verschleierte so die Verluste (Maring 2017, S. 111). Laut Culjak (2015, S. 9) blieben die hohen finanziellen Einbußen lange unentdeckt, weil Leeson die Verluste auf eine Art Fehlerkonto buchte und er selbst die Kontrolle über die interne Aktienabwicklung hatte. Letztlich wurde Nick Leeson von niemandem kontrolliert. Erst hatte ihn das Glück verlassen, dann kam auch noch Pech dazu. Und möglich war das durch Fehlentscheidungen des Topmanagements der Barings Bank. Maring (2017, S. 111) schildert den weiteren Verlauf: Das Erdbeben im Januar 1995 in Kobe/Japan, bei dem über 4.000 Menschen starben, schickte die japanische Börse auf Talfahrt – Nick Leeson hatte auf steigende Kurse gewettet.

Roulette
Dann machte Nick Leeson etwas, was auch am Roulettetisch ins Verderben führt. Er verdoppelte den Einsatz, um frühere Verluste wett zu machen. Maring (2017, S. 111) weiter: Als die Börsenaufsicht in Singapur wegen der hohen offenen Positionen in der Londoner Zentrale der Bank nachfragte, reiste ein Topmanager nach Singapur und beschwichtigte die Gemüter. Die Barings Bank schoss knapp 700 Mio. Euro geliehenes Geld nach. Keine Entscheidung, die einen zum Manager des Jahres macht. Nach 278 Jahren ging die Barings Bank in den Bankrott und Nick Leeson wanderte wegen diverser

Wirtschaftsdelikte mehrere Jahre ins Gefängnis. Inzwischen ist er wieder auf freiem Fuß.

Was man für den eigenen Alltag lernen kann
Falls Sie jetzt denken, was hat der Bankrott der Barings Bank mit mir und meinen Entscheidungen zu tun, lautet die Antwort: Mehr als es scheint. Situationen werden gesellschaftlich vor allem im Nachhinein bewertet, von den Folgen her betrachtet. Tatsächlich trifft man Entscheidungen aber zu einem Zeitpunkt, zu dem nicht klar ist, ob es zu ernsten Folgen oder gar zu einer Katastrophe kommen wird, oder ob gar nichts passieren wird. Die eigentlichen Entscheidungen können, unabhängig von den unterschiedlichen Folgen, ähnliche psychologisch relevante Prozesse und personenbezogene Einflussfaktoren beinhalten und tun es unserer Einschätzung nach auch. Man sollte bei der Reflektion über eigene Entscheidungen die Lage zum Zeitpunkt der Entscheidung in den Blick nehmen und danach die Qualität eigener Entscheidungen bewerten. Angenommen Sie hatten nach dem Studium die Wahl und haben sich für ein Unternehmen entschieden, das weniger Jahre später insolvent wurde. Was das eine fehlerhafte Entscheidung? Nur dann, wenn zum Zeitpunkt der Entscheidung bekannt war oder bekannt hätte sein können, dass dieses Unternehmen gravierende Verluste macht. Ansonsten hatten Sie einfach Pech. Oder angenommen, Sie hätten bei einer Bergwanderung aus Bequemlichkeit eine riskante Abkürzung gewählt und hatten Glück, dass der Hang erst eine Stunde nach Ihrer Durchquerung ins Rutschen kam. War es eine fehlerhafte Entscheidung, die Abkürzung zu nehmen? Ja, war es. Sie hatten einfach nur Glück.

Situationen mit Zeitdruck
Viele der von uns geschilderten Beispiele sind Situationen, in denen sofort reagiert werden musste (Zeitdruck). Solche Ad-hoc-Situationen verdichten Entscheidungen auf kurze Zeiträume und eignen sich daher gut zur Veranschaulichung. Im privaten und beruflichen Alltag sind das eher die Ausnahmen. Meist hat man mehr Zeit.

Situationen mit Verantwortungsdruck
Im Alltag sind oft Situationen kritisch, die wegen langfristiger Auswirkungen wichtig sind. In solchen Situationen hat man in der Regel mehr Zeit und viel Verantwortungsdruck. Stress resultiert in solchen Fällen aus der Bedeutung der Entscheidung (Verantwortungsdruck) und der Unsicherheit über den richtigen Weg. Das Topmanagement der Barings Bank hatte zum Zeitpunkt der Fehlentscheidung, Nick Leeson sowohl Transaktionen

durchführen als auch sich selbst kontrollieren zu lassen, keinen Zeitdruck. Der Zeitdruck wurde erst hoch als es schon zu spät war.

> **Wichtig**
> Oft muss man bei der Analyse von Fehlentscheidungen weit zurückgehen, um die tatsächliche Fehlerursache zu finden.

2.6 Herkulesaufgaben

Vor Fehlentscheidungen sind Informationen entweder unvollständig, fehlen ganz, werden zu spät als wichtig erkannt oder sind widersprüchlich. Ein Entscheider hat in solchen Fällen mit dem Dilemma umzugehen, dass eine Entscheidung getroffen werden *muss,* obwohl er nicht alle eigentlich notwendigen Informationen kennt.

> **Beispiel**
> Stellen Sie sich vor, Sie finden in unmittelbarer Nähe einer Leiche ein blutbeflecktes Taschentuch. Von dem Blut kann die DNA extrahiert werden und man stellt fest, dass es nicht das Blut des Opfers ist. Jetzt ist zu entscheiden, ob das blutbefleckte Taschentuch tatrelevant ist oder nicht. Wäre das Taschentuch tatrelevant, hielte man mit der DNA eine unmittelbare Täterspur in den Händen – eine Goldader bei Ermittlungen. Sollte das Taschentuch aber von jemandem mit Nasenbluten achtlos weggeworfen worden sein, der nichts mit der Tat zu tun hat, würde eine Verfolgung dieser DNA-Spur die Ermittlungen in die Irre führen und wertvolle Zeit vergeuden. Während man der Phantomspur nachjagte, könnten andere Ermittlungsspuren erkalten.

Verzerrung ins Negative
Viele Entscheidungen in komplexen Krisensituationen werden getroffen, ohne dass die Öffentlichkeit je von ihnen erfährt. Das kann Entscheidungen bei Ermittlungen oder im Operationssaal ebenso betreffen, wie Entscheidungen bei der feindlichen Übernahme eines Unternehmens oder im Umgang mit Verdachtsfällen von Korruption oder Wirtschaftsspionage. Weil nur wenige Krisensituationen und damit nur bestimmte Entscheidungen bekannt werden, kann man nicht sicher sein, ob man mit einer Analyse der bekannt gewordenen Situationen einer Verzerrung aufsitzt, da überwiegend (Fehl)entscheidungen und gescheiterte Problemlösungen

bekannt werden – bei den öffentlich bekannten Fällen also eine Verzerrung ins Negative vorliegt. Wenn man in einer schwierigen Situation klug entschieden und man katastrophale Folgen verhindert hat, erfährt meistens niemand davon. Eine der wenigen Ausnahmen wird in Kap. 8 *Wenn es darauf ankommt – machen Sie es wie Petrow* geschildert.

Problemlösen und Entscheiden
Letztlich geht es aber nicht nur ums Entscheiden, sondern auch ums Problemlösen. Im allgemeinen Sprachgebrauch wird häufig sowohl für Entscheiden wie auch für Problemlösen *Entscheiden* als Oberbegriff verwendet. Dem allgemeinen Sprachgebrauch folgen wir, behalten aber im Auge, dass es sich um einen Oberbegriff für zwei verschiedene Dinge handelt.

Handlungsdruck
Neben einer unklaren Informationslage kann auch Handlungsdruck zu einer harten Herausforderung werden. Dies gilt speziell für Ad-hoc-Situationen, in denen Entscheidungen sehr schnell getroffen werden müssen. Oft sind das Ereignisse, die zu einem starken Öffentlichkeits- und Medieninteresse führen. Beispiele sind Entführungen, die öffentlich bekannt werden oder Störfälle in Produktionsanlagen. Im Privaten kann das beispielsweise nach einem Unfall passieren. Man muss schnell entscheiden, ob man Hilfe holt oder sofort selbst hilft, möglicherweise auch zuerst einen Notruf absetzt und dann hilft, ob man sich direkt operieren lässt oder nicht, wer unmittelbar zu informieren ist und bei wem das noch Zeit hat.

Fehlerhafte Entscheidungen
Wenn es nicht so viele schlechte Entscheidungen gäbe, hätten wir dieses Buch nicht geschrieben. Leider gefährden Fehlentscheidungen und Problemlösemängel in Krisensituationen Menschen und sind nach Milkman et al. (2009, 379) zudem teuer. Beispiele für Fehlentscheidungen mit massiven Folgen sind die Nuklearkatastrophen von Tschernobyl (Ukraine) im Jahr 1986 (Dörner 1989, S. 47–57) und von Fukushima (Japan) im Jahr 2011 (Kurokawa 2012), das Auflaufen des Öltankers Exxon Valdez auf ein Riff in Alaska (USA) im Jahr 1989, die Explosion der Ölbohrplattform Deepwater Horizon im Jahr 2010 im Golf von Mexico oder die Havarie des Kreuzfahrtschiffes Costa Concordia im Jahr 2012 vor der Insel Giglio im Mittelmeer (Culjak 2015). Am 13. Januar 2012 fuhr das Kreuzfahrtschiff Costa Concordia vor der Insel Giglio auf einen Felsvorsprung und sank unmittelbar vor der Küste. 32 Menschen starben (Culjak 2015, S. 1). Der Kapitän

Francesco Schettino wurde wegen fahrlässiger Tötung und Körperverletzung, fahrlässiger Herbeiführung einer Havarie und vorzeitigem Verlassen des Schiffs zu 16 Jahren Haft verurteilt. Angeblich sei er ausgerutscht und in ein Rettungsboot gefallen. Dem widersprechen Augenzeugen. Kapitän Franceso Schettino hatte das Schiff fluchtartig verlassen.

2.7 Verantwortungsdruck

In manchen Situationen, beispielsweise solchen die strategisch sehr wichtig, die vorhersehbar und planbar sind, resultiert Stress weniger aus Zeitdruck wie in Tschernobyl oder bei der Exxon Valdez als vielmehr aus Verantwortungsdruck wegen der Bedeutung einer Entscheidung für die Zukunft. In solchen Situationen hat man mehr Zeit und kann andere Hilfsmittel einsetzen als in Ad-hoc-Situationen. Die Barings Bank und ihr Umgang mit dem erfolgreichen Nick Leeson war eine solche Situation, in der man genügend Zeit hatte, eine kluge Entscheidung zu treffen.

Erst verstehen, dann entscheiden
Eine Situation verstehen heißt die Rahmenbedingungen richtig einzuschätzen und relevante Optionen zu erkennen oder zu erarbeiten.

> **Definition**
> Wenn Optionen entdeckt, gesucht oder entwickelt werden müssen, spricht man von Problemlösen.

Beispielsweise muss in einer Felswand kletternd erst einmal erkannt werden, dass es neben den beiden Optionen Weiterklettern und Zurückklettern auf derselben Kletterlinie möglicherweise auch die Option gibt, eine neue Kletterlinie festzulegen. Was einfach klingt, kann unter starkem Stress, beispielsweise wenn man am Berg einen Eispickel verliert oder wenn man in großen Höhen unter Sauerstoffmangel leidet, schwerfallen, weil man an die Grenzen der körperlichen oder geistigen Leistungsfähigkeit stößt. Das Kletterbeispiel zeigt, dass mit einer Entscheidung auch eine Problemlösung verbunden sein kann, selbst in Ad-hoc-Situationen.

Problemlösen ist im Alltag wichtig
Bei strategischen Entscheidungen mit mehr Zeit spielt Problemlösen unserer Erfahrung nach eine noch größere Rolle als in Ad-hoc-Situationen. Wie hätten Sie beispielsweise an der Stelle von Martin Winterkorn, dem ehemaligen Vorstandsvorsitzenden der Volkswagen AG, entschieden, als die Manipulation der Abgaswerte von Dieselfahrzeugen im Herbst 2018 öffentlich bekannt wurde? Zumindest kann man vermuten, dass es sich für Martin Winterkorn um eine komplexe Krisensituation gehandelt hat. Ob seine Entscheidungen klug waren, sei dahingestellt und was die rechtliche Bewertung angeht, daran arbeitet die Justiz noch. Vor dem öffentlichkeitswirksamen Knall hatte es Warnungen gegeben, beispielsweise durch Nachfragen der zuständigen amerikanischen Behörde. Es war also keine Ad-hoc-Situation im eigentlichen Sinne.

2.8 Denken ist durch die Evolution geprägt

Problemlösen ist immer dann gefragt, wenn man keine Routine (Heuristik) hat, um ein Hindernis auf dem Weg zum Ziel zu beseitigen. Man sollte aus diesem Grund statt von Entscheiden von Problemlösen *und* Entscheiden in schwierigen Situationen als Regelfall ausgehen.

> **Beispiel**
> Wenn man einen dunklen Raum betritt, betätigt man den Lichtschalter und es wird hell. Das ist Routine, man muss dabei kein Problem lösen. Wenn man den Schalter betätigt und es dunkel bleibt beginnt das Problemlösen. Problemlösen heißt: man muss wirklich nachdenken.

Problem früh erkennen
Häufig wird unterschätzt, wie wichtig es ist, ein Problem überhaupt erst einmal als solches zu erkennen. Beispielsweise wurde in Tschernobyl im Jahr 1986 die kritische Situation vom Bedienpersonal erst sehr spät erkannt (Funke 2011, S. 146–147), in der allerletzten Minute vor der Explosion (Dörner 1989, S. 54).

Expertise
Eine wichtige Rolle beim Problemlösen in schwierigen Situationen, auch beim frühen Erkennen eines Problems, spielt Expertise.

> **Definition**
> Expertise ist nach Funke (2011, S. 169) eine Problemlösefähigkeit in einem spezifischen Gebiet, die auf Erfahrung zurückgeht.

Experten erkennen die Tiefenstruktur eines Problems, also die entscheidenden Problemaspekte, während Unerfahrene an der Oberflächenstruktur eines Problems hängen bleiben (Funke 2011, S. 170).

> **Beispiel**
> Die Ermittlungen bei einem Serienmordfall unterscheiden sich beispielsweise erheblich von denen bei einem einzelnen Mord. Die Dynamik der Ermittlungen ist ungleich höher, weil die Gefahr eines weiteren Tötungsdeliktes droht. Auch die Motive von Serienmördern unterscheiden sich von denen von Einzeltätern. Während bei Einzeltätern meist persönliche Motive, wie beispielsweise Wut, Enttäuschung oder Rache ausschlaggebend für die Tötung sind, töten Serienmörder häufig zum exzessiven Erleben von Macht, Dominanz und Kontrolle. Die Hinzuziehung eines Fallanalytikers, der sich im Rahmen seiner Aus- und Fortbildung und seiner täglichen Arbeit intensiv mit dem Phänomen Serienmord beschäftigt hat, kann dabei helfen, die Fälle besser zu verstehen und kann somit für die Ermittlung hilfreich sein.

Informationsqualität
Ab einem bestimmten Punkt verbessern mehr Informationen auch die Entscheidungen von Experten nicht mehr (Funke 2011, S. 170). Man kann daher nicht sagen, dass Entscheidungen umso besser werden, je mehr Informationen vorliegen. Wichtiger als die Menge ist die Qualität von Informationen.

Die Qualität von Informationen korrekt einzuschätzen ist schwieriger als es klingt. Das Gehirn wurde durch Evolution geformt. Aus diesem Grund sind unsere Wahrnehmung und unser Denken auf diejenige Umwelt angepasst, in der sie entwickelt wurden. So sehen Menschen beispielsweise besser als die meisten Hunde, dafür riechen Hunde viel besser. Manche Dinge liegen uns nicht.

Womit sich Menschen schwertun
Buss (2016, 379) und Ray (2013, S. 25–27) beschreiben Denken als ein Werkzeug zur Informationsverarbeitung, um sich besser anpassen zu können. Nach Buss (2016, S. 62) gibt es folgende breite Klassen von Anpassungsproblemen, die unsere Vorfahren lösen mussten: Überleben und

Wachstum (Reproduktion), Paarung und Kindererziehung (einschließlich Kindern das Überleben zu sichern), genetisch Verwandten helfen (sichert Reproduktion). Entsprechend schließt Buss (2016, S. 380), dass die menschliche Informationsverarbeitung auf solche Situationsklassen optimiert ist, in denen Menschen früher häufig Probleme lösen mussten. In allen anderen Situationen tun wir uns hingegen schwer.

2.9 Feuerholz sammeln klappt besser als vernetzt zu denken

Wenn der Mensch ein so fabelhaftes Ergebnis der Evolution ist, warum können Menschen dann so viele Dinge nicht oder nur sehr schlecht? Wir können uns viele Dinge nicht merken, erinnern Sie sich beispielsweise an die Mühen des Vokabellernens in der Schule, die Aufmerksamkeit nur unter großer Anstrengung auf ein einziges Ziel richten und Denkfehler kaum vermeiden. Beispielsweise erkennen wir die Folgen exponentiellen Wachstums nicht, scheitern an und in vernetzten Systemen, außer einer linearen Extrapolation gelingt uns nicht viel und deshalb schätzen wir Risiken regelmäßig falsch ein (Storch et al. 2013, S. 536). Das zeigt sich exemplarisch auch im Umgang mit der COVID-19-Pandemie. Ein exponentielles Wachstum wird von vielen Menschen nicht verstanden. Wieso ist das so?

Alltagsdenken
Das menschliche Denken hat sich entwickelt, um Probleme Adhoc zu lösen: Feuerholz für den nächsten Winter beschaffen, Herde schützen, Fallen bauen (Dörner 1989, S. 13) und vor Feinden auf der Hut zu sein. Dörner (1989, S. 13–14) bringt es treffend auf den Punkt, in dem er schreibt, dass es für unsere Vorfahren nicht zwingend erforderlich war, in großen Zusammenhängen und über längere Zeiträume hinweg zu denken. Das merkt man bis heute.

Kopf hoch!
Bei allen evolutionär bedingten Einschränkungen kann bewusstes Denken viel leisten, deutlich mehr als bloße Intuition, beispielsweise die Quantentheorie oder die Relativitätstheorie entwickeln (Storch et al. 2013, S. 537). Die Chance für ein besseres Problemlösen und Entscheiden ist kontrolliertes Denken. Einziger Haken: Das ist mühsam und deshalb tun wir es so ungern. Lieber arbeiten wir mit Schnellverfahren, mit Heuristiken.

Automatik ist nicht genug

Wenn man mit Heuristiken arbeitet, denkt man automatisch. Nach Wilke und Todd (2012, S. 14) sind Heuristiken aus heutiger Sicht deshalb fehleranfällig, weil sich die Umwelt, für die Heuristiken entwickelt wurden, verändert hat. Hinzu kommt, dass Heuristiken dahingehend evolutionär optimiert sind, fatale Fehler zu vermeiden und nicht dahingehend letztlich für ein Individuum irrelevante Entscheidungen im Labor nach Wahrscheinlichkeiten zu optimieren (Wilke und Todd 2012, S. 14). Das bedeutet: Heuristiken sind immer nur unter bestimmten Anwendungsbedingungen hilfreich.

Evolutionär sinnvoll

Wir haben gelernt, systematisch bestimmte Fehlertypen anderen Fehlertypen vorziehen, weil das evolutionär von Vorteil war. Zur Illustration schilden Wilke und Todd (2012, S. 14) folgendes Beispiel:

> **Beispiel**
> Angenommen Sie müssten sich auf einem schlecht einsehbaren Pfad durchs Unterholz davor hüten, von Giftschlagen attackiert zu werden. Dann wäre es evolutionär sinnvoller, häufiger einen langen Ast für eine Schlange zu halten und umsonst zurückzuschrecken als nur ein einziges Mal eine Giftschlange für einen langen Ast zu halten. Die Folgen des zweiten Fehlers sind fatal, daher sind die beiden Fehlertypen unterschiedlich relevant.

Ist es also irrational zu häufig vor einem langen Ast zurückzuschrecken und dafür auf der anderen Seite keine einzige Schlage zu übersehen? Wohl kaum.

> **Wichtig**
> Aus der Asymmetrie der Folgen verschiedener Fehlertypen resultiert das Vermeiden von fatalen Fehlern – auch um den Preis der Erhöhung der Rate anderer weniger fataler Fehler.

Beispielsweise ist das irrtümliche Essen unbekömmlicher Nahrung sehr riskant und folglich erscheint es evolutionär erfolgversprechend jegliche Nahrung zu meiden, die einen krankmachen *könnte* (Haselton und Nettle 2006, S. 52).

2.10 Unsicherheit ist normal

Anstehende Entscheidungen führen bei vielen Menschen zu Unsicherheiten bis hin zu Angst. Unpraktischerweise ist Unsicherheit bei Entscheidungen in schwierigen Situationen der Normalzustand. Umgekehrt sollte ein Fehlen jeglicher Unsicherheit in schwierigen Situationen ein Warnsignal sein, wesentliche Aspekte übersehen oder ausgeblendet zu haben. Wenn Unsicherheit bei schwierigen Entscheidungen der Normalzustand ist, muss sie ausgehalten werden. Wer auf Zeiten frei von Unsicherheiten hofft, hat unrealistische Erwartungen, die zwangsläufig enttäuscht werden.

Fehlende, unzuverlässige oder widersprüchliche Informationen
Nach Klein (2004) sind zentrale Ursachen für Unsicherheit fehlende Informationen, unzuverlässige Informationen, widersprüchliche, nicht klar interpretierbare Informationen oder zu viele Informationen. Wenn man beispielsweise bei einem Tötungsdelikt zwar den Ort des Verschwindens des Opfers und den Leichenfundort kennt, nicht aber den Ort der Tötung, fehlt eine zentrale Information zur Rekonstruktion des Tatverlaufs. Der Ort der Tötung ist erfahrungsgemäß der spurenintensivste und damit der wichtigste Handlungsort.

Eine Information ist beispielsweise unzuverlässig, wenn ein Zeuge zum Beobachtungszeitpunkt unter starkem Alkoholeinfluss stand. Widersprüchliche Informationen liegen beispielsweise vor, wenn eine Zeugin den Täter als 170cm, schlank und schmächtig beschreibt und ein anderer Zeuge denselben Täter als mindestens 190cm und kräftig beschreibt und beide Zeugen sich ihrer Sache absolut sicher sind. Nicht klar interpretierbar sind Informationen, in denen man kein Muster erkennt. Beispielsweise umfangreiche Korrelationstabellen mit über 100 Variablen, aus denen man ohne weitere Bearbeitung kaum etwas erkennen kann.

Informationen filtern
Viele Informationen lösen nicht notwendigerweise ein Problem. Wenn man sich mit vielen irrelevanten oder unpräzisen Informationen herumplagen muss, fällt das Herausfiltern relevanter Informationen schwer. Stellen Sie sich vor, man sucht einen bestimmten Vergewaltiger, der Frauen folgt und sie überfallartig attackiert. Nun muss man unter den vielen verdächtigen Wahrnehmungen von Frauen, die das Gefühl haben, verfolgt worden zu sein, ohne dass es zu einem Angriff gekommen war, diejenigen herausfiltern, die dem Täter zuzuordnen sind.

Spannungstoleranz
Unsicherheit zu akzeptieren ist mehr eine emotionale als eine kognitive Leistung. Unserer Einschätzung nach müssen sich emotionale und kognitive Kompetenz ergänzen, damit man Probleme angemessen lösen und gute Entscheidungen treffen kann. Es genügt dabei nicht, seine Unsicherheit einfach nur emotional im Griff zu haben, man sollte zusätzlich seinen Impuls zu automatischem Handeln unterdrücken und Denken bewusst aktivieren. Das sollte gerade dann gelingen, wenn man emotional stark beteiligt ist und alles in einem zu automatischen Denken drängt. Wir bieten mit dem in Kap. 7 vorgestellten roten Faden eine Hilfe an, den Zustand von Unsicherheit zu reduzieren und die Informationsverarbeitung zu systematisieren.

Nicht immer wird Alles gut
Leider gibt es Situationen, in denen keine gute Lösung möglich ist. In solchen Situationen sollte in gewissem zeitlichen Abstand die Frage gestellt werden, ob sich die Situation verändert hat und sich neue Ansatzpunkte bieten. Manche Situationen muss man so lange aushalten, bis sich ein Zeitfenster für eine Problemlösung oder eine Entscheidung öffnet. Dabei darf man weder zu früh aufgeben, noch zu früh in hektische Aktivität verfallen, die einem die Problemlösung erschwert. Um das zu können, sollte man Unsicherheit aushalten können.

Starke Angst behindert
Wenn man auf die Folgen mancher Fehlentscheidungen blickt, kann einem mulmig werden und letztlich ist es verständlich, dass viele Menschen Angst haben, falsch zu entscheiden. Unpraktischerweise verzögert starke Angst fällige Entscheidungen, für die längst alle relevanten Informationen vorliegen. Man kann also nicht nur zu hastig, sondern man kann auch zu langsam entscheiden. Gerade wenn sich Situationen durch Handlungsdruck, verworrene Informationslage und starke Eigendynamik auszeichnen, wächst das Risiko zu überschießenden Emotionen, beispielsweise gerät man unter starke Angst bis hin zu Panik. Trotz Zeitdruck, trotz Handlungsdruck, trotz unklarer Ausgangslage und trotz des Störfeuers von Emotionen muss analysiert, entschieden und gehandelt werden. Für die Entscheidungsperson ist das gleichbedeutend mit starkem Stress. Nur: In Hochstresssituationen fehlen uns genau diejenigen Fähigkeiten, die wir dringend benötigen. Siehe hierzu Kap. 4 *Denken – ist anstrengend, hilft aber*. Das liegt an störenden Emotionen (Kap. 3 *Emotionen – schlechter als ihr Ruf*) und an den knappen

kognitiven Ressourcen unter Stress. Wir denken unter starkem Stress schlechter als üblich und bleiben unter unseren Möglichkeiten.

2.11 Zusammenfassung

Im ersten Schritt sollte man eine Situation verstehen. Dazu muss man analytisch denken. Das ist anstrengend, weil man Unsicherheit aushalten muss, die einen emotional belastet. Menschen mögen Unsicherheit nicht. Je belastender eine Situation ist, je stärker der Stress wird, desto mehr Mühe kostet es, analytisch zu denken. Leicht tun wir uns nur in Situationen, für die wir evolutionär gut vorbereitet sind.

Entscheidungen sind klug, wenn sie unser Wohlergehen langfristig sichern. Wir unterscheiden im Groben zwischen Entscheidungen, die unter erheblichem Zeitdruck und solchen, die unter erheblichem Verantwortungsdruck stehen. Je geringer der Zeitdruck ist, desto gründlicher sollte die Problemanalyse ausfallen. Die erste Leistung ist es, ein Problem überhaupt und rechtzeitig zu erkennen. Zeitdruck ist oft kein Schicksal, sondern Folge früher Entscheidungsfehler. Fehlentscheidungen haben oft einen langen Vorlauf und wären vermeidbar gewesen. Die Gewöhnung an Regelverstöße findet man häufig im Vorfeld von Fehlentscheidungen.

Literatur

Betsch, T., Funke, J., & Plessner, H. (2011). *Denken – Urteilen, Entscheiden, Problemlösen*. Berlin: Springer.

Buss, D. M. (2016). *Evolutionary Psychology. The New Science of the Mind* (5. Aufl.). London: Routledge.

Culjak, A. (2015). *Organisation und Devianz. Eine empirische Fallrekonstruktion der Havarie der Costa Concordia*. Wiesbaden: Springer VS.

Davis, T. (2006). *A Failure of Initiative. Final Report of the Select Bipartisan Committee to Investigate the Preparation for and Response to Hurrican Katrina*. Washington D.C., USA: U.S. Government Printing Office.

Dörner, D. (1989). *Die Logik des Misslingens*. München: Rowohlt.

Funke, J. (2011). Problemlösen. In T. Betsch, J. Funke, & H. Plessner (Hrsg.), *Denken – Urteilen, Entscheiden, Problemlösen* (S. 136–199). Berlin: Springer.

Hammond, K. R. (2000). *Judgements under Stress*. New York (N.Y.), USA: Oxford University Press.

Haselton, M. G., & Nettle, D. (2006). The Paranoid Optimist: An Integrative Evolutionary Model of Cognitive Biases. *Personality and Social Psychology Review, 10*(1), 47–66.

Horn, A. (2014). *Die Logik der Tat.* München: Droemer.

Huber, O. (2004). Entscheiden unter Risiko: Aktive Risiko-Entschärfung. *Psychologische Rundschau, 55*(3), 127–134.

Klein, G. (2004). *The Power of Intuition.* New York: Currency/Doubleday.

Kurokawa, K. (2012). *The Official Report of Fukushima Nuclear Accident Independent Investigation Commission. Executive Summary.* The National Diet of Japan. https://www.nirs.org/wp-content/uploads/fukushima/naiic_report.pdf. Zugegriffen: 10. April 2017.

Litzcke, S., Horn, A. & Schinke, D. (2015). *Sexualmord in Bayern. Opfer – Tatverlauf – Täter.* Frankfurt am Main: Verlag für Polizeiwissenschaft.

Maring, M. (2017). Korporative Verantwortung: Nick Leeson und die Barings Bank. In Weigl, M. (Hrsg.), *Katastrophen. Affären. Skandale, Krisen. Analyse politischen Krisenmanagements.* Passau: Universität Passau (S. 111–116).

Milkman, K. L., Chugh, D., & Bazerman, M. H. (2009). How Can Decision Making be Improved? *Perspectives on Psychological Science, 4*(4), 379–383.

National Transportation Safety Board. (2009). *Loss of Trust in Both Engines after Encountering a Flock of Birds and Subsequent Ditching on the Hudson River US airways flight 1549 Airbus A320–214, N106US.* Weehawken.

Parker, J. (1990). Spill. *The Wreck of the Exxon Valdez. Implications for Safe Transportation of Oil.* Anchorage, Alaska, USA: Alaska Oil Spill Commission.

Pfister, H. R., Jungermann, H., & Fischer, K. (2017). *Die Psychologie der Entscheidung* (4. Aufl.). Berlin: Springer.

Ray, W. J. (2013). *Evolutionary Psychology. Neuroscience Perspectives Concerning Human Behavior and Experience.* Thousand Oaks, CA (USA). Sage.

Storch, V., Welsch, U., & Wink, M. (2013). *Evolutionsbiologie* (3. Aufl.). Berlin: Springer Spektrum.

Wilke, A. & Todd, P. M. (2012). The Evolved Foundations of Decision Making. In: M. K. Dhami, A. Schlottmann, & M. R. Waldmann (2012). *Judgment and Decision Making as a Skill.* Cambridge: Cambridge University Press (S. 3–27).

Zsambok, C. E. (1997). Naturalistic Decision Making: Where Are We Now? In C. E. Zsambok & G. Klein (Hrsg.), *Natural Decision Making* (S. 3–16). Mahwah (N.J.): Lawrence Erlbaum Associates.

3

Emotionen – schlechter als ihr Ruf

> In diesem Kapitel wird erläutert, warum die Leistungsfähigkeit von Emotionen überschätzt wird. Ein Blick auf die Ratgeberliteratur lässt einen staunend zurück: Da wird mit dem Bauch gedacht, entschieden und die Welt wäre besser, wenn wir immer auf unsere Emotionen hören würden. Wenn es nur so wäre. Emotionen haben ihren zentralen Platz im menschlichen Verhalten und Erleben, aber sie können Denken nicht ersetzen. Emotionen sind alte Standardprogramme, die zu vielen schwierigen Situationen nicht passen, denen wir heutzutage ausgesetzt sind.

Das Pendel schlägt mal zu heftig in die eine und mal zu heftig in die andere Richtung. Emotionen hatten in der ersten Hälfte des 20. Jahrhunderts einen üblen Leumund. Die Forschung konzentrierte sich ausschließlich auf sichtbares Verhalten und klammerte die schwer messbaren Emotionen aus. Das war eindeutig übertrieben und den folgenden Jahrzehnten rückten Emotionen in den Fokus der psychologischen Forschung. Inzwischen stellt man, eher in der Öffentlichkeit als in der Forschung, eine Überhöhung von Emotionen fest. Emotionen sind kein Wert an sich.

Forschungsstand
Der Forschungsstand zu Emotionen ist weniger befriedigend als man angesichts der öffentlichen Aufmerksamkeit für das Thema vermuten möchte. Die Ausführungen in diesem Kapitel stellen deshalb ein vertretbare, aber nur eine mögliche Sichtweise auf Emotionen dar. Wir verwenden folgende Arbeitsdefinitionen:

> **Definition**
> „Eine Emotion ist ein (…). Zustand, der mit Veränderungen auf einer oder mehreren der folgenden Ebenen einhergeht: Gefühl, körperlicher Zustand und Ausdruck" (Schmidt-Atzert et al. 2014, S. 25). Gefühle sind die Wahrnehmung des eigenen emotionalen Zustands (Schmidt-Atzert 2009, S. 339).

So führt die Bedrohung mit einem Messer zu einem körperlichen Zustand (physiologische Erregung), zu einem Gefühl (Angst) sowie zu Weglaufen (Verhalten). Emotionen sind zwar subjektiv, aber objektbezogen, das heißt man hat Angst vor etwas (Neumann 2009) oder man ärgert sich über jemanden. In dieser knappen Darstellung der wichtigsten Aspekte von Emotionen beziehen wir uns auf Damasio (1995), Schmidt-Atzert et al. (2014), Shiota und Kalat (2012) sowie auf Stemmler (2008, 2009).

> **Wichtig**
> Emotionen unterbrechen laufende Denk- und Verhaltensprozesse und lenken die Aufmerksamkeit auf einen emotionsauslösenden Reiz (Priorisierung).

Wenn also beispielsweise die Emotion *Angst* ausgelöst wird, werden alle anderen Eindrücke und Gedanken verdrängt. Die gesamte Konzentration und Energie richten sich dann auf die Reaktion *Flucht*. Emotionen ermöglichen somit schnelle und grobe Unterscheidungen zwischen bedrohlich und nicht bedrohlich – mehr aber nicht. Daher kann es unter starkem Stress notwendig sein, zunächst einmal die eigenen Emotionen in den Griff zu bekommen, bevor man analytisch denken kann.

Eigene Schwachstellen kennen
Emotionen werden im Gedächtnis gespeichert und können später, selbst wenn der eigentliche Reiz nicht mehr vorliegt, abgerufen werden. Daher können bereits Erinnerungen an Reize, die früher Emotionen auslösten auch aktuell Emotionen auslösen. So kann das Hören eines alten Lieds, das man während der ersten großen Liebe hörte, die Emotion Freude auslösen. Oder die Erinnerung an eine frühere sehr belastende Situation kann akut Angst auslösen. Nicht verarbeitete alte Erfahrungen können über die Auslösung von Emotionen aktuelles Problemlösen beeinträchtigen und Entscheidungen verschlechtern. Selbst wenn man nicht alle unangenehmen alten Erfahrungen verarbeiten kann, sollte man zumindest die eigenen

Schwachstellen kennen. Nur dann kann man den Einfluss auf Problemlösen und Entscheiden abmildern. Wenn man beispielsweise einmal verlassen wurde und einen das sehr schmerzt, reagiert man emotional sehr stark allein schon auf die Möglichkeit, dass eine neue Beziehung scheitern *könnte*.

Emotionen sind Standardprogramme
Menschen möchten angenehme Emotionen erleben und unangenehme Emotionen vermeiden (Rost 2001). Hierin liegt die Wurzel vieler Probleme. Emotionen lösen nur dann angemessenes Verhalten aus, wenn eine konkrete Situation denjenigen Ursprungssituationen entspricht, aus denen und für deren Bewältigung sich Emotionen entwickelt haben. Im Vergleich zur Umwelt unserer Vorfahren hat sich unsere Umwelt verändert, die Emotionen sind aber noch dieselben. Daher kann eine Emotion in der heutigen Umwelt situationsunangemessen sein, obwohl dieselbe Emotion früher einmal angemessen war. Bedenkt man die harsche Priorisierungswirkung von Emotionen, überrascht es nicht, dass die Dominanz einer einzigen handlungsleitenden Emotion in komplexen Situationen häufig zu Fehlentscheidungen führt. Leider kann man unter dem Einfluss starker Emotionen nicht gut beobachten und nicht gut analytisch denken.

Praxistipp
Hilfreicher als eine Emotion auszuleben, sind eine differenzierte, abwägende kognitive Prüfung der Situation und eine ausgewogene Handlung. Gemeint ist damit nicht eine nachträgliche Rechtfertigung emotional bereits getroffener Entscheidungen, sondern eine kognitive Hemmung von Emotionen, um Zeit zum Denken zu gewinnen.

Die Dosis macht das Gift
Eine Bewertung von Emotionen als hilfreich (angemessen) oder schädlich (nicht angemessen) ist nur in der jeweiligen Situation möglich. So kann eine schwache Angst wie Lampenfieber, die zu einer besonders guten Vorbereitung einer wichtigen Präsentation führt, angemessen sein. Eine starke Angst, die zur Flucht aus der Präsentation führt, ist hingegen hinderlich. Ähnlich verhält es sich in Extremsituationen. Zu starke Angst dürfte die Bewältigungschancen minimieren. Eine leichte Angst, die würde man umgangssprachlich eher Nervosität als Angst nennen, kann hingegen hilfreich sein. Hierzu ein Beispiel aus dem Interview mit einem Extrembergsteiger:

> **Beispiel**
>
> „Wenn ich zu viel Angst habe, funktioniert der Körper nicht und auch das Gehirn nicht. Gut ist etwas Angst zu haben und eine extreme Konzentration. Wenn die Angst zu stark wird, geht die Konzentration verloren. Dann lasse ich es." Dann lasse ich es bedeutet, dass an solchen Tag der Berg nicht bestiegen wird. Man sollte seine Grenzen kennen und beachten. Das fällt Menschen leichter, die so selbstbewusst sind, dass eine erfolgreiche Bergbesteigung oder etwas anderes Wichtiges, nicht lebensnotwendig für das eigene Selbstwertgefühl sind.

3.1 Starke Emotionen behindern

Emotionen sind schlechter als ihr Ruf. Nach Pfister et al. (2017, S. 315) lassen Emotionen manche Optionen (Alternativen) unangemessen attraktiver erscheinen als andere. Beispielsweise löst die Emotion Ärger die Handlungstendenz Angriff aus. Wenn man ärgerlich ist, greift man zu der aggressiveren der verfügbaren Handlungsoptionen. Wenn man Angst hat, löst das eine Fluchttendenz aus.

Costa Concordia

Ein öffentlich bekannt gewordenes Beispiel ist das Verhalten von Kapitän Francesco Schettino, der mit der Costa Concordia am 13. Januar 2012 nahe der Insel Giglio auf Grund lief. Nachfolgend wird das Protokoll eines Telefonats zwischen Kapitän Schettino und Kommandant De Falco (Küstenwache) nach Culjak (2015, S. 130–131) dargestellt. Zu diesem Zeitpunkt warteten auf der Costa Concordia noch viele Personen auf ihre Evakuierung (Culjak 2015, S. 129). Culjak (2015, S. 130–131) schreibt:

> *De Falco:* „Schettino? Hören Sie zu Schettino, an Bord sind Menschen eingeschlossen. Sie müssen mit ihrem Rettungsboot unterhalb des Schiffsbugs fahren. Dort ist eine Leiter. Klettern Sie auf der Leiter an Bord des Schiffs und sagen Sie mir, wie viele Personen sich dort befinden. Ich nehme dieses Gespräch auf, Kapitän Schettino."
> *Schettino:* „Lassen Sie mich Ihnen eine Sache sagen. Das Schiff ist zu diesem Zeitpunkt…"
> *De Falco:* „Kapitän, sprechen Sie lauter! Schützen Sie Ihr Telefon mit der Hand und sprechen Sie lauter, klar?"
> *Schettino:* „Zu diesem Zeitpunkt ist das Schiff umgekippt."
> *De Falco:* „Ich verstehe, aber Personen klettern am Schiffsbug die Leiter hinunter. Sie müssen zurück an Bord! Und sagen Sie mir, wie viele Personen sich dort befinden und wie die Lage ist. Ist das klar? Sagen Sie mir, ob sich

dort Kinder und Frauen befinden und welche Hilfe diese benötigen. Ist das deutlich? Hören Sie, Schettino, vielleicht haben Sie sich aus dem Meer gerettet, aber ich lasse Sie sehr schlecht aussehen! Ich lasse Sie dafür bezahlen! Verdammt!"
Schettino: „Kommandant, bitte."
De Falco: „Nein, es gibt kein „bitte". Gehen Sie zurück an Bord! Versichern Sie mir, dass Sie zurück an Bord gehen!"
Schettino: „Ich bin im Rettungsboot unterhalb des Schiffs. Ich bin nirgendwo hingegangen. Ich bin hier."
De Falco: „Was machen Sie dort?"
Schettino: „Ich koordiniere."
De Falco: „Was koordinieren Sie da? Gehen Sie zurück an Bord und koordinieren Sie die Rettung von Bord aus! Weigern Sie sich?"
De Falco: „Weigern Sie sich, an Bord zurückzukehren? Sagen Sie mir den Grund, weshalb Sie nicht an Bord gehen!"
Schettino: „Ich gehe nicht, weil hier ein weiteres Rettungsboot ist, das nicht weiterfahren kann."
De Falco: „Gehen Sie an Bord! Das ist ein Befehl! Sie müssen mit der Rettungsaktion fortfahren! Sie haben die Evakuierung veranlasst, also habe ich die Weisungsbefugnis. Sie gehen jetzt zurück an Bord, ist das klar?"
Schettino: „Ich gehe."
De Falco: „Gehen Sie! Rufen Sie mich an, wenn Sie an Bord sind. Mein Luftrettungsteam ist da. Es ist am Schiffsbug. Gehen Sie! Es gibt schon Tote! Gehen Sie, Schettino!"
Schettino: „Wie viele Tote?"
De Falco: „Ich weiß es nicht. Ich weiß von einem Toten. …"
Schettino: „Aber Sie sind sich bewusst, dass es dunkel ist und wir nichts sehen können?"
De Falco: „Was wollen Sie? Nach Hause gehen, Schettino? Es ist dunkel und Sie wollen nach Hause gehen? Gehen Sie zum Bug des Schiffs und sagen Sie mir, was wir tun können, wie viele Personen sich dort befinden, und was diese brauchen. Jetzt!"
Schettino: „Ich bin hier mit dem zweiten Offizier."
De Falco: „Dann gehen Sie beide an Bord!"
Schettino: „Kommandant, ich will zurück an Bord gehen, aber hier ist ein Rettungsboot, dessen Motor ausgefallen ist. Es treibt weg und ich habe weitere Rettungskräfte gerufen."
De Falco: „Das sagen Sie mir nach einer Stunde? Gehen Sie jetzt zurück an Bord! Gehen Sie an Bord! Und sagen Sie mir, wie viele Personen dort sind!"
Schettino: „In Ordnung Kommandant."
De Falco: „Gehen Sie, jetzt!"

Aber Kapitän Francesco Schettino ging nicht zurück an Bord. Stattdessen wurden die Passagiere durch die an Bord verbliebenen Besatzungsmitglieder und die Küstenwache evakuiert (Culjak 2015, S. 131). Natürlich bleibt trotz der wörtlichen Protokollierung noch eine Restunsicherheit, aber der Wortwechsel wirkt so, als würde sich Kapitän Schettino winden wie ein Aal, um nicht zurück auf das Schiff gehen zu müssen. Vermutlich hatte Angst seine

Fluchttendenz ausgelöst und er floh in ein Rettungsboot, obwohl noch Passagiere an Bord waren. Manchmal schlägt Angst das Pflichtgefühl.

Emotionen einkalkulieren
Denken und Entscheiden sind in das psychische Geschehen eingebunden, das heißt Emotionen begleiten Denken und Entscheiden (Dörner 1989, S. 14) durchgängig. Man sollte deshalb den Einfluss von Emotionen bei Entscheidungen einkalkulieren. Also: Ja, Emotionen spielen eine wichtige Rolle beim Entscheiden. Aber: Nein,: das ist nicht immer hilfreich. Zusätzlich können eigene Emotionen auch andere Menschen behindern. Hierzu ein Beispiel aus unseren Interviews: „Man muss Situationen annehmen, nicht immer fragen Warum-Warum-Warum? … Das Herumgejammer hilft nicht, es verbraucht Energie. Wenn Herumjammern helfen würde, würde ich ja sagen, dann jammert doch.' Aber Jammern hindert am Handeln und das Annehmen ist zentral." Mit Jammern verbraucht man nicht nur eigene Energie, sondern strapaziert auch die Nerven anderer Menschen und bindet deren kognitive Leistungsfähigkeit.

Emotionen motivieren
Positive Emotionen können starke Kräfte mobilisieren, die einen Einzelnen, eine Gruppe oder eine Organisation voranbringen. Emotionen faszinieren. Hans Kammerlander schildert (Duregger und Vigl 2018, S. 71) wie es ihm auf dem Gipfel des Mount Everest ergangen war. Er fuhr nach dem Aufstieg als erster Mensch mit Skiern den Mount Everest hinab. Zum Moment auf dem Gipfel schildert Hans Kammerlander (Duregger und Vigl 2018, S. 72) wie sehr er mit sich gerungen hat, ob er wirklich das Risiko eingehen und mit den Skiern abfahren soll. Er hätte es leichter gehabt, wenn er zu Fuß abgestiegen wäre. Kammerlander war extrem angespannt und drohte zu blockieren. Letztlich hat Kammerlander diesen Moment der Angst überwunden, ist abgefahren und heil im Tal angekommen.

3.2 Kurzschluss

Nach Rost (2001) reduzieren Emotionen den kognitiven Aufwand zwischen Wahrnehmen und Handeln. Statt mühsam Details analysieren zu müssen, setzt sich aufgrund einer Emotion ein einzelner (!) dominanter Eindruck durch.

> **Wichtig**
> Durch Emotionen wird klar priorisiert, was momentan am wichtigsten erscheint.

Das ist nicht nur schnell, es ist auch bequem – man spart sich den Denkaufwand. Auch das macht Emotionen so populär.

Emotionen bahnen Entscheidungen
Toda (1980, S. 141) bezeichnet Emotionen als evolutionär bedingte Entscheidungsroutinen. Man könnte auch sagen Emotionen bahnen Entscheidungen. Dumm nur, wenn eine Situation nicht zu der vorgebahnten Routine passt. Beispielsweise hätte Kapitän Francesco Schettino seiner Angst besser nicht nachgegeben. Statt zu fliehen, hätte er bei der Evakuierung der Passagiere helfen müssen. Wäre Francesco Schettino ein einfacher Passagier gewesen, hätte ihm niemand die Flucht übelgenommen. In seiner Führungsrolle als Kapitän hat er indes versagt.

Emotionen steuern
Man kann Gefühle abschwächen oder verstärken. Andere Facetten von Emotionen sind hingegen willentlich nicht beinflussbar (Neumann 2009). Vereinfacht ausgedrückt:

> **Wichtig**
> Ob eine Emotion ausgelöst wird, kann man nicht steuern. Wie man mit einer ausgelösten Emotion umgeht, kann man aber willentlich beeinflussen.

Genau an der Stelle kann man mit dem Kopf ansetzen, siehe Kap. 4 *Denken ist anstrengend, hilft aber*.

Emotionen sind selten
Ihre schädliche Wirkung entfalten Emotionen nicht nur wegen der gnadenlosen Priorisierung und dem Drängen auf uralte Verhaltensroutinen. Besonders störend ist ein anderer Aspekt von Emotionen: Seine eigenen Emotionen findet man subjektiv immens wichtig und richtig, deshalb werden sie in ihrer Häufigkeit und auch in ihrer Bedeutung überschätzt. Tatsächlich sind markante Emotionen eher seltene Ereignisse. Teilweise berichten Testpersonen von nur einer markanten Emotion pro Tag oder

weniger. Laut Fahrenberg (2008, S. 78), dem langjährigen Leiter der Freiburger Forschungsgruppe Psychophysiologie, sind markante Emotionen seltener als viele Menschen glauben. Wer ständig der nächsten, noch stärkeren Emotion hinterherrennt, vernachlässigt das Denken und riskiert Fehlentscheidungen.

Dummheitsrisiko
Eine Emotion ist kein Wert an sich. Vielmehr lösen Emotionen eine Notfallreaktion und einen starken Handlungsimpuls aus. Wer aus Angst in Panik verfällt, will sofort fliehen. Alles was der Flucht im Wege steht, wird ausgeblendet. Man nimmt selektiv nur das war, was zur Angst passt und was nach Fluchtmöglichkeit aussieht. Kontrolliertes analytisches Denken wird als Hindernis bei der Flucht ausgeschaltet. Leider löst man in einem solchen Zustand Probleme schlecht und entscheidet mangelhaft, zugleich fühlt man sich dabei im Recht. In schwierigen Situationen besonders schädlich ist die Degeneration der Hypothesenbildung. Man bildet weniger spezifische Hypothesen und greift auf Standardhypothesen zurück. Die Prüfung der Hypothesen erfolgt deformiert, oft wird nur noch gesehen, was die eigene Sicht der Dinge stützt und was einem eine kurzfristige emotionale Erleichterung verschafft. Man prüft nicht mehr gründlich genug, ob es Informationen gibt, die gegen die eigene Hypothese sprechen.

Hybris tötet
Im Bereich des Bergsteigens gibt es eine Reihe von Beispielen, bei denen unter extremen Bedingungen, vor allem über 8000 m Höhe, die Entscheidungsprozesse fehlerhaft, und häufig daraus resultierend, tragisch verlaufen. Am 10. und 11. Mai 1996 starben bei der Besteigung des Mount Everest zwölf Menschen. Nach Krakauer (1997, S. 342–347) lag das unter anderem an einer Selbstüberschätzung hinsichtlich eigener Fähigkeiten und an durch Sauerstoffunterversorgung beeinträchtigte Entscheidungsprozesse. Gerade beim extremen Höhenbergsteigen ist das Festhalten an einer fixen Uhrzeit zur Rückkehr zum nächstgelegenen Hochlager elementar, unabhängig davon, an welcher Stelle des Aufstiegs man sich gerade befindet, und sei es auch nur zwanzig Höhenmeter unterhalb des Gipfels. Diese Umkehrzeit wurde, auch von den Bergführern, missachtet, so dass der aufkommende Sturm einen Teil der Bergsteiger mit voller Wucht traf und unter anderem zu den Todesfällen führte. Die Konkurrenz zweier Bergführer, die um das lukrative Geschäft mit der Besteigung des Mount Everest im Wettstreit standen, hatte vermutlich einen Anteil an den Entscheidungsprozessen und somit auch an dem fatalen Ausgang.

3.3 Emotionales Schlussfolgern

> **Wichtig**
> Unter dem Einfluss starker Emotionen steigt das Risiko emotionalen Schlussfolgerns. Statt analytisch zu denken, prägt die eigene Emotionalität die Wahrnehmung und Bewertung von Informationen.

Weil man starke Wut empfindet, fühlt man sich im Recht, aggressiv zu handeln. Nach dem Motto: Ich bin wütend, deshalb habe ich recht. Damit schafft man ein geschlossenes System und jeder, der die eigene Wut kritisiert oder nur nicht rückhaltlos unterstützt, wird zum vermeintlichen Gegner. Das mag im Einzelfall vielleicht verständlich sein, hilfreich ist es nicht.

Angst, Ärger, Trauer, Freude
Die beiden wichtigsten Emotionen *Angst* und *Ärger* wurden schon erwähnt. Wenn man verschiedene Ansätze vergleicht, stellt man fest, dass nur vier Emotionen durchgängig in den verschiedenen Klassifikationsansätzen genannt werden (Schmidt-Atzert 2008, S. 190; Schmidt-Atzert et al. 2014, S. 33): Angst, Ärger (Wut), Traurigkeit und Freude/Glück. Hinsichtlich anderer Emotionen gehen die Meinungen auseinander, beispielsweise zählen manche Autoren Ekel oder Scham zu den Emotionen, andere nicht.

Basisemotionen
Nach dem Modell der Basisemotionen sind Emotionen hilfreich bei der Lösung von Problemen, die in der menschlichen Entwicklungsgeschichte immer wieder vorgekommen sind. Emotionen richten Wahrnehmung und Verhalten auf ein Ziel aus und schotten das Verhalten von anderen Einflüssen ab. Man vermutet, dass Basisemotionen auf emotionsspezifischen ererbten Mechanismen beruhen (Meyer et al. 2003) und zu einer spezifischen Handlungstendenz führen:

- Angst → Vernichtung abwenden
- Ärger → Unterordnung abwenden
- Traurigkeit → Trennung abwenden
- Freude → Belohnung anstreben

Sofortprogramme
Emotionen erleichtern das konsequente Verfolgen eines ganz konkreten Ziels und zwar eines Ziels, das evolutionär so nützlich war, dass wir Menschen dafür Sofortprogramme entwickelt haben. Leider bereitet gerade die enge Verknüpfung einer Emotion mit einem einzigen Emotionsziel in vielen Situationen Probleme. Statt eine Emotion auszuhalten und nachzudenken, wie man handeln könnte und sollte, gibt man dem emotional gebahnten Handlungsimpuls nach und handelt in die vorgeprägte Richtung. Und zwar selbst dann, wenn die emotional vorgeprägte Handlung in der konkreten Situation schadet. Es kostet keine Energie einer Emotion einfach nachzugeben, da die Suche nach und das Abwägen zwischen Optionen entfällt. Insofern ist es bequem, den eigenen Emotionen nachzugeben.

Ärger ist ein schlechter Ratgeber
Der zehnte Bundespräsident der Bundesrepublik Deutschland war nur kurz im Amt – gut eineinhalb Jahre. Laut Feick (2017, S. 33) war der Kern der Vorwürfe, die Christian Wulff zu Fall brachten, ein vor dem Landesparlament verheimlichter Privatkredit aus früherer Zeit – als Christian Wulff noch Ministerpräsident des Landes Niedersachsens gewesen war. Der Kredit selbst, dessen Verschweigen der erste Fehler war, wäre vielleicht sogar erklärbar gewesen (Feick 2017, S. 35). Sein wütender Anruf bei dem damaligen Chefredakteur der Bild-Zeitung, Kai Diekmann, wegen einer Veröffentlichung zu dem Thema zeigte dann aber eine Seite von Christian Wulff, die Zweifel an seiner Eignung als Bundespräsident weckte. Christian Wulff konnte Kai Dieckmann telefonisch nicht erreichen und sprach deshalb auf dessen Mailbox. Christian Wulff wollte die Berichterstattung über seinen verschwiegenen Privatkredit hinauszuzögern. Der Anruf des Bundespräsidenten Christian Wulff wurde als Versuch gewertet, Einfluss auf die Berichterstattung zu nehmen. Nicht so schön, wenn man sich in das Gedächtnis ruft, dass der Bundespräsident das Staatsoberhaupt der Bundesrepublik Deutschland ist.

Vorbildwirkung
Wäre Christian Wulff nicht der Bundespräsident der Bundesrepublik Deutschland, sondern ein einfacher Kommunalpolitiker aus Osnabrück gewesen, hätte der Anruf kaum solche Wellen geschlagen. Christian Wulff hat die Nebenwirkungen seines Anrufes und die Bedeutung seines Amtes nicht bedacht. Am 17. Februar 2012 trat Christian Wulff als Bundespräsident zurück. Der Vollständigkeit halber: Christian Wulff wurde gut zwei Jahre später vor Gericht freigesprochen – da ging es noch um andere

Verdachtsmomente. Der Freispruch hat ihm wenig genützt. Seine politische Karriere war beendet. An einen Bundespräsidenten sind die Erwartungen höher als an einen Durchschnittspolitiker.

Fehlerkette
Nicht nur, dass Christian Wulff einen Chefredakteur in einer persönlichen Angelegenheit direkt angerufen hat (zweiter Fehler), er hat auch noch auf die Mailbox (dritter Fehler) gesprochen (Feick 2017, S. 51). Der dritte Fehler war folgenschwer. Was in einem persönlichen Gespräch einen anderen Verlauf nehmen kann, wirkt auf der Mailbox härter und ist für alle nachprüfbar dokumentiert. Die Mailboxnachricht wurde von der Bild-Zeitung im Original veröffentlicht. Hier ein Auszug:

> **Beispiel**
>
> „Guten Abend, Herr Diekmann,
> ich rufe Sie an aus Kuwait. [....] Ich bin in vier Golfstaaten unterwegs und parallel plant einer Ihrer Journalisten seit Monaten eine unglaubliche Geschichte, die morgen veröffentlicht werden soll und die zum endgültigen Bruch mit dem Springer-Verlag führen würde. Weil es einfach Methoden gab, mit Dingen im Nachbarschaftsumfeld, die über das Erlaubte hinausgehen und die Methoden auch öffentlich gemacht werden von mir. Ich habe alles offengelegt, Informationen gegeben, gegen die Zusicherung, dass die nicht verwandt werden. Die werden jetzt indirekt verwandt, das heißt, ich werde auch Strafantrag stellen gegenüber Journalisten morgen und die Anwälte sind beauftragt. [....]
> Und die Frage ist einfach, ob nicht die Bild-Zeitung akzeptieren kann, wenn das Staatsoberhaupt im Ausland ist, zu warten, bis ich Dienstagabend wiederkomme, also morgen, und dann Mittwoch eine Besprechung zu machen, wo ich mit [....] die Dinge erörtere und dann können wir entscheiden, wie wir die Dinge sehen und dann können wir entscheiden, wie wir den Krieg führen. [....]"

Emotionen hemmen und Gehirn anwerfen
Letztlich hätte Christian Wulff zwei Herausforderungen meistern müssen: a) Eine starke Emotion vom Gaspedal wegbekommen und b) analytisch zu denken. Wenn a) nicht gelingt, hat man mit b) keine Chance. Das ist leichter geschrieben als getan. Wie kommt es, dass Emotionen so resistent gegen Denkeinflüsse sind? Nun, Emotionen sind nicht speziell gegen Denkeinflüsse, sondern gegen alle Einflüsse resistent. Das ist ja gerade ihr Zweck: Eine als besonders wichtig erkannte Handlung wird, koste es was es wolle, umgesetzt. Insofern ist das Verhalten von Christian Wulff psychologisch

nachvollziehbar, er hätte es dennoch nicht zeigen dürfen, weil es seine Funktion als Staatsoberhaupt untergrub.

Auslösereize
Durch Lernen werden Emotionen mit bestimmten Auslösereizen verknüpft. Beispielsweise kann allein der Gedanke an eine früher erlebte Situation Angst auslösen. Oder man wird traurig, wenn man an den Tod eines Menschen denkt, selbst wenn dieser Mensch bereits vor vielen Jahren gestorben ist (Damasio 1995). Damasio (1995) führt weiter aus, dass Emotionen in letzter Konsequenz der Selbsterhaltung dienen. Daraus folgt jedoch nicht, dass emotionale Reaktionen heute durchgängig situativ angemessen sind, wie die Mailboxnachricht von Christian Wulff zeigt.

Destruktion
Starke Emotionen wirken destruktiv. Das gilt besonders für Ärger, der in früheren Zeiten hilfreich gewesen sein mag, um sich im Kampf durchzusetzen. Heute führt offen gezeigter Ärger in der Regel zu einer Verschlechterung der Beziehung und zu Grenzüberschreitungen, die man nach Abflauen des Ärgers bereut. Kennen Sie die folgende Situation?

> **Beispiel**
>
> Man bekommt eine E-Mail, über deren Inhalt man sich massiv ärgert. Instinktiv drückt man auf Antworten und macht seinem Ärger mit deutlichen Worten Luft. Anschließend, in der festen Überzeugung im Recht zu sein, wird Senden gedrückt. Liest man am nächsten Morgen, wenn die starke Emotion durch den zeitlichen Abstand abgeflacht ist, die E-Mails erneut, stellt man meistens fest, dass die eigene Reaktion über das Ziel hinausgeschossen ist. Für ein Zurückholen der E-Mail ist es dann schon zu spät. Manchen Menschen versuchen dennoch, eine missratene E-Mail zurückzuholen und schicken eine zweite E-Mail hinterher mit dem Hinweis, die vorherige E-Mail zu ignorieren. Spätestens dann liest jeder im Verteiler die erste E-Mail, um zu sehen was in der ersten E-Mail so heikel war, dass sie zurückgerufen wurde.

Unser Tipp: Schreiben sie keine E-Mails, wenn Sie wütend sind. Und wenn es doch einmal passiert, lassen Sie es laufen. Ein Rückholversuch macht es noch schlimmer.

3.4 Denken statt Fühlen

Trotz gefühlter Wichtigkeit können Emotionen rationales Denken nicht ersetzen (Damasio 1995). Dafür sind die Probleme, die wir lösen müssen, in der Regel zu komplex. Man sollte das Emotionssystem nur dort einsetzen, wo es nutzt: In evolutionär wichtigen Standardsituationen. Wenn man angegriffen wird und der Angreifer stärker ist als man selbst, sollte man fliehen. Die Angst wird in einer solchen Situation hilfreich sein – man kann schneller Rennen und grübelt nicht, ob man sich möglicherweise blamiert.

Risikowahrnehmung
Oft genug schaden Emotionen mehr als dass sie nutzen. Emotionen können rationales Denken ungünstig beeinflussen, beispielsweise bei der Risikobewertung. Das eigene emotionale Befinden verwendet man oft als einen Indikator zur Risikobewertung – keine besonders gute Idee. Bei negativen Emotionen hält man negative Ereignisse für wahrscheinlicher (Schmidt-Atzert et al. 2014, S. 239–240), unabhängig davon, ob sie es tatsächlich sind. Das entspricht dem Muster: Ich habe Angst, also habe ich recht. Angst kann eine Person dazu bringen, die letzten körperlichen Leistungsreserven zu mobilisieren und sich bei einem Angriff heftiger zu wehren als es ohne Angst möglich wäre. Angst kann aber auch zur Erstarrung und in Leistungssituationen zu einer Blockade führen. Negative Emotionen lassen einen auf negative Informationen achten und neutrale Informationen negativ interpretieren. Man dreht sich in eine Negativspirale. Das stärkt die eigenen negativen Emotionen. Und so weiter. Und so weiter. Wenn man auf der letzten Projektsitzung hart persönlich kritisiert wurde, wird man auf der nächsten Sitzung selbst bei neutralen Aussagen auf der Hut sein und eine neutrale Aussage irrtümlich als Kritik auffassen. Und vor lauter Angst oder Ärger begeht man möglicherweise tatsächlich einen Fehler, für den man dann öffentlich kritisiert wird.

Falsche Gewissheit
Hinzu kommt, dass Menschen gerne in einer Illusion von Gewissheit leben (Gigerenzer 2013, S. 33), was dazu führen kann, dass sie sich dem Risiko von Ungewissheit nicht aussetzen mögen und stattdessen lieber in bequemer und falscher Sicherheit leben. Gigerenzer (2013, S. 20–23) schildert das Umsteigeverhalten vom Flugzeug auf das Auto nach den Anschlägen des 11. September 2001 in den Vereinigten Staaten von Amerika, wodurch 1.600 Personen mehr im Straßenverkehr starben als in den Vergleichsjahren. Was

war passiert? Nach dem von Terroristen herbeigeführten Absturz mehrerer Flugzeuge hatten die Menschen mehr Angst vor dem Fliegen als zuvor und dachten im Auto sei es sicherer. Die mit Autos zurückgelegte Kilometerzahl wuchs. Und die Zahl tödlicher Verkehrsunfälle stieg. Im Jahr nach dem Anschlag sind verglichen mit dem langjährigen Durchschnitt rund 1.600 Personen mehr im Straßenverkehr gestorben. In den Flugzeugen, die gekapert worden waren, starben 213 Passagiere, 31 Besatzungsmitglieder und 19 Entführer (263). Auf den ersten Blick mag es verständlich wirken, dass viele Menschen vom Flugzeug auf das Auto umgestiegen sind. Rein analytisch betrachtet hat das jedoch, mit einer zeitlichen Verzögerung zu den Anschlägen, weitere (Verkehrs)tote verursacht.

Inkompetente finden sich gut
Menschen neigen dazu, die Genauigkeit eigener Urteile zu überschätzen (Atir et al. 2015; Dunning et al. 2004). Die Arbeit von Ehrlinger et al. (2008) sowie von Kruger und Dunning (1999) lassen vermuten, dass weniger kompetente Menschen besonders stark zur Selbstüberschätzung neigen und zudem die fehlende eigene Kompetenz nicht erkennen. Mit anderen Worten, manche Menschen sind so inkompetent, dass sie die eigene Inkompetenz nicht erkennen (können). Nach Ehrlinger et al. (2008) ist zu vermuten, dass die fehlende Einsicht in eigene Fehler eine zentrale Ursache für die starke Selbstüberschätzung wenig kompetenter Mensch ist.

Mächtige sind gefährdet
Fast et al. (2012) zeigen, dass Macht zur Selbstüberschätzung der Qualität eigener Entscheidungen führen kann. Deshalb sind Führungskräfte besonders gefährdet. Je mehr Macht jemand hat, desto größer ist das Risiko der Selbstüberschätzung. Mächtigen Menschen wagen nur sehr wenige Menschen, die Wahrheit zu sagen. Wenig überraschend werden kognitive Fehler eher bei anderen Menschen als bei sich selbst erkannt (Stanovich et al. 2013; West et al. 2012). Man sieht eher den Splitter im Auge der anderen als den Balken im eigenen Auge. Deshalb sollte man, wenn man unter starken Emotionen steht, andere um eine relativierende Einschätzung bitten. Das gilt in besonderem Maße für Führungskräfte und andere mächtige Menschen.

Unrealistischer Optimismus
Selbstüberschätzung kann zu einem unrealistischen Optimismus oder einer optimistischen Illusion führen (Plessner 2011, S. 59). Zwar bleibt man durch einen unrealistischen Optimismus handlungsfähig, weil man weniger

Angst hat, aber auf der anderen Seite kann dies zum Übersehen oder zur Fehlbewertung von Informationen führen. Auch Klein (2004, S. 289) nennt Selbstüberschätzung als Risikofaktor für Fehlentscheidungen.

Beratungsresistenz
Sofern Emotionen bei Entscheidungen eine größere Rolle spielen als es situativ angemessen wäre, spricht man auch von *emotionalem Schlussfolgern*. Emotionales Schlussfolgern liegt vor, wenn man Schlussfolgerungen aus eigenen Emotionen statt aus substantiellen Informationen zieht. Beispiel: Weil ich wütend bin, hat Anna etwas falsch gemacht. Da man unter Stress zu stärkeren Emotionen neigt, steigt das Risiko emotionalen Schlussfolgerns mit zunehmendem Stress. Letztlich immunisieren starke Emotionen gegen Einflüsse von innen und außen – also gegen gute eigene und gute fremde Gedanken. Unter massivem Stress zeigen sich Menschen beratungsresistent. Man dringt einfach nicht mehr zu Ihnen durch.

Standardsituationen
Aber Emotionen sind nicht nur Störfaktoren. Im Idealfall ergänzen sich Denken und Emotionen. Nach Damasio (1995) kann man sich Emotionen als ein Schnellsystem vorstellen, um Entscheidungen zwischen Handlungsoptionen treffen zu können, die früheren Erfahrungen nach zu einem guten Ergebnis führen. Damit wird klar, worin die Schwäche emotional bedingter Entscheidungen liegt: In neuen Situationen kann das Emotionssystem in die Irre führen, weil es nicht sinnvoll an frühere Lernerfahrungen anknüpfen kann. Hingegen kann das Emotionssystem in bekannten Situationen, in denen rasch entschieden werden muss, Geschwindigkeitsvorteile gegenüber dem Denken mit sich bringen. Man spart mit dem Emotionssystem in Standardsituationen Denkleistung, die man an anderer Stelle gewinnbringender einsetzen kann.

Stimmungen
Nicht nur die seltenen starken Emotionen zeigen eine Wirkung. Selbst die schwächeren Stimmungen wirken sich auf die Informationsverarbeitung aus. So tendiert man in positiver Stimmung zu einer eher oberflächlichen Verarbeitung und in negativer Stimmung zu einer eher gründlichen Verarbeitung (Plessner 2011, S. 60). Das zeigt sich auch im extremen Fall von Depressionen.

> **Beispiel**
>
> Helversen et al. (2011) zeigten, dass Patienten, die an einer Depression litten, unter bestimmten Bedingungen bessere Entscheidungen treffen als Gesunde. Den insgesamt 54 Testpersonen wurden per Computersimulation alltagsnahe Entscheidungsprobleme präsentiert, beispielsweise die Vergabe eines Jobs. Die Testpersonen mussten aus einer Reihe von Bewerbungen die Beste auswählen. Hierfür wurden die Bewerbungen nacheinander dargeboten und die Testpersonen konnten sich bei jeder Bewerbung entscheiden, ob die fragliche Person eingestellt wird oder ob weitergesucht werden soll. Gesunde Testpersonen sahen sich nur wenige Bewerbungen an, bevor sie eine Bewerbung akzeptierten. Depressive Testpersonen suchten länger und wählten im Mittel bessere Bewerbungen aus. Allerdings ist kritisch anzumerken, dass die Art der Aufgabenstellung Depressiven entgegenkommt. Von Helversen et al. (2011, S. 962–963) vermuten, dass Depressive Informationen systematischer und analytischer verarbeiten als Nicht-Depressive. Die negative Stimmung scheint dazu zu führen, dass sich Depressive weniger schnell zufriedengeben. Denkbar sei zudem, dass die negative Weltsicht zu einer realistischeren Wahrnehmung führe und eine mögliche Positivitätsverzerrung vermieden werde.

3.5 Brandbeschleuniger Stress

Zwischen Stress, Emotionen und Denken gibt es eine enge Verbindung. So sind wir unter starkem Stress zwar körperlich fit und für automatisierte Handlungen gewappnet, unser analytisches Denkvermögen ist jedoch beeinträchtigt.

Stress macht dumm

Wir haben in Hochstresssituationen keine guten Ideen, erkennen Auswege abseits der eingefahrenen Automatismen nicht und scheitern häufig an Aufgaben, die wir bei mittlerem oder leichtem Stress gemeistert hätten (siehe 4.1). Der Befund ist nicht wirklich neu und geht vom Grundgedanken her auf Yerkes und Dodsons (1908) über einhundert Jahre alte Arbeit zurück. Dennoch hat sich diese einfache Erkenntnis noch nicht überall herumgesprochen.

Mittlerer Stress ist perfekt

Die beste Leistungsfähigkeit haben wir bei mittlerem Stress. Bei geistig anspruchsvollen Aufgaben ist die Kurve sogar nach links verschoben, mittlerer Stress kann dann schon zu stark sein. Hans Kammerlander, Extrembergsteiger, antwortet auf die Frage von Duregger und Vigl (2018, S. 89), dass der Kopf mehr als 50 % des Erfolges ausmache. Die beste körperliche Fitness hilft nicht, wenn man nicht mental stark ist (Abb. 4.1).

Abb. 4.1 Zusammenhang zwischen Stress und Leistungsfähigkeit. (nach Yerkes und Dodson 1908)

Auf den Punkt formuliert: Unter Hochstress sind wir dafür gewappnet, Standardsituationen, für die wir über Automatismen verfügen, zu bewältigen. Neuartige Situationen können wir nur schwer bewältigen. Automatisierte Prozesse können eine Krisensituation sogar verschlimmern. Statt für einen kühlen Kopf zu sorgen, die Situation analytisch zu durchdringen und danach gezielt zu handeln, agieren wir häufig schnell und kopflos automatisch, so als ob eine Standardsituation vorläge.

Alleine am Jasemba
Hans Kammerlander schildert im Gespräch mit Duregger und Vigl (2018, S. 160–161, 210–211) eine Krisensituation im Jahr 2006 am Jasemba, einem Berg im Himalaya, an dem Luis Brugger, ein Freund von Hans Kammerlander, abgestürzt ist. Luis Brugger und Hans Kammerlander seilten sich ab. Hans Kammerlander wartete bis das Seil locker wurde, eigentlich ein Zeichen, dass sich Luis Brugger an der nächsten Stelle eingehakt hatte und Kammerlander weiter absteigen konnte. Als Hans Kammerlander ums Eck kam, war Luis Brugger nicht zu sehen. Luis Brugger war abgestürzt. Kammerlander befand sich in großer Höhe in einem Gebiet, in dem er einen Seilkameraden gebraucht hätte, um sicher ins Tal zu kommen. Hans Kammerlander hat es deshalb ins Tal geschafft, weil er gezielt weiter an sein Limit gegangen ist als er es ansonsten getan hätte. Und er schaffte es alleine ins Tal, weil es ihm gelang, Panik und das Gefühl von Kontrollverlust zu verdrängen. Hans Kammerlander ist eine Ausnahme, nicht die Regel.

Entscheiden unter Stress
Es ist schon angeklungen und auch das Beispiel von Hans Kammerlander zeigt es: Wenn man über Emotionen spricht, spricht man auch über Stress. Stress ist die Aktivierungsreaktion des Organismus auf Anforderungen und Bedrohungen – auf die sogenannten Stressoren (Litzcke et al. 2013, S. 2). Starker Stress löst ein Gefühl von Überforderung aus. In Überforderungssituationen sind wir kaum in der Lage, gute und differenzierte Entscheidungen zu treffen. Bei Stress macht die Dosis das Gift. Wir wollen gefordert werden, etwas leisten, unsere Fähigkeiten unter Beweis stellen (Litzcke et al. 2013, S. VI). Mittlerer Stress macht Spaß. Zu wenig Stress bedeutet Langeweile und zu starker Stress überfordert.

Stress ist subjektiv
Stress kommt nicht einfach von außen und fällt einen an. Stress ist zu einem guten Teil subjektiv und damit teilweise selbst gemacht. Stress resultiert aus dem Zusammenspiel einer Situation mit der Beurteilung eigener Fähigkeiten, eine Situation gut bewältigen zu können. Es zählt nicht nur die objektive Stärke eines Stressors, sondern dessen subjektive Bewertung (Litzcke et al. 2013, S. 4). Wenn man eine Hundephobie hat, löst selbst ein kleiner friedlich dasitzender Hund Angst und Stress aus. Das gilt auch dann, wenn von diesem Hund objektiv keinerlei Gefahr droht.

Sich selbst trauen
Wie wir unsere Bewältigungschancen bewerten, hängt stark von unserer Selbstwirksamkeitserwartung ab, das heißt, wie viel wir uns zutrauen oder eben nicht. Deshalb können Menschen gleiche Belastungen subjektiv ganz unterschiedlich empfinden, und auch derselbe Mensch kann die gleiche Belastung in unterschiedlichen Situationen oder zu anderen Zeiten unterschiedlich empfinden (Litzcke et al. 2013, S. 5–6). Wer sich nichts zutraut, beginnt erst gar nicht, ein Problem zu lösen oder eine Entscheidung zu treffen.

Panikfalle
Manche geraten in eine Panikfalle: Sie stellen fest, dass sie nervös werden und das macht sie noch nervöser. Auf der anderen Seite führt eine unrealistisch hohe Selbstwirksamkeitserwartung zu Selbstgefälligkeit und zur Überschätzung der eigenen Leistungsfähigkeit. Auch bei der Selbstwirksamkeitserwartung, wie beim Stress, ist die Dosis entscheidend.

CargoLifter AG
Das folgende Beispiel hat Hermanns (2012) in seiner Dissertation umfassend dargestellt. Hier eine knappe Zusammenfassung (Hermanns 2012, S. 1–2): Die CargoLifter AG plante, die Großluftschifffahrt wiederzubeleben. Man wollte Luftschiffe für den Lastentransport einsetzen. Das Unternehmen wurde mit Vorschusslorbeeren überhäuft. Insgesamt stellten Investoren über 300 Mio. Euro zur Verfügung. Nach dem Börsengang im Frühjahr 2000 folgte ein halbes Jahr später die Aufnahme in den MDAX. So rasch wie es bergauf ging, so rasant ging es bergab. Nach mehrfachen Verzögerungen und Kostensteigerungen wollte Mitte des Jahres 2002 niemand mehr das Unternehmen finanziell unterstützen. Er folgte die Insolvenzanmeldung. Wie war das möglich? Das Unternehmen war in sehr kurzer Zeit bekannt geworden, weckte positive Emotionen, hatte technische und finanzielle Ressourcen und scheiterte dennoch. Dies analysiert Hermanns (2012) in seiner Dissertation im Detail. Hier eine kurze Version (Hermanns 2012, S. 265–266): Vermutlich scheiterte das Unternehmen an Selbstüberschätzung. Man spricht von organisationaler Selbstüberschätzung, wenn eine Organisation die eigenen Fähigkeiten überschätzt, was mit kollektiv geteilten Gefühlen von Unverwundbarkeit einhergehen kann. Das kann zum Ausblenden von Kritik führen. Fehlentwicklungen werden systematisch ignoriert. Hierzu schreibt Hermanns (2012, S. 240), dass es intern früh und klar Kritik an Zeitplänen und Kostenplänen gegeben hatte. Die Organisation reagierte nicht klug auf die berechtigte Kritik. Probleme wurden kleingeredet und nach außen wurde ein außerordentlich positives Bild gezeichnet, weil das Topmanagement unerschütterlich an den Erfolg glaubte. Eine unrealistisch hohe Selbstwirksamkeitserwartung kann ebenso schaden wie starke Selbstzweifel.

Stress macht emotional
Starker Stress beeinträchtigt das Denk- und das Wahrnehmungsvermögen. Die Wahrnehmung verengt sich auf diejenigen Situationsaspekte, die stressbedingt wichtig erscheinen. Bei wachsendem Stress wird zuerst kreatives Denken beeinträchtigt, dann analytisches Denken und schließlich verliert man die Konzentrationsfähigkeit. Die Ablenkbarkeit wächst und Gedächtnisprobleme nehmen zu. Mit anderen Worten: Stress macht dumm. Umso dümmer, je stärker der Stress und die Emotionen sind. Je weniger kognitive Ressourcen man hat, desto eher muss man sich auf eingeschliffene Muster verlassen, weil man einfach nicht mehr die Kapazität hat, selbst zu denken und neue Wege zu gehen. Bei starkem Stress reagiert man emotional mit Ärger (Aggression) oder mit Angst (Flucht).

Riskante Automatismen
Unter starkem Stress verfallen wir ohne entsprechendes Training, manche sogar trotz Training, in Automatismen. Diese Automatismen sind für unser Leben notwendig und hilfreich, weil wir bei wiederkehrenden Situationen nicht jedes Mal nachdenken und neu entscheiden müssen. Das erleichtert den Alltag erheblich. Unschön ist, dass uns starker Stress auch dann im Automatikmodus gefangen hält, wenn wir dringend innehalten, nachdenken und eine rationale Entscheidung treffen müssten. Wir stecken in einer Sackgasse fest, wenn wir unter starkem Stress für eine konkrete Situation keine geeignete Heuristik haben. Möglicherweise spulen wir sogar unser Verhaltensprogramm im Automatikmodus herunter, ohne zu merken, dass wir immer tiefer in den Sumpf geraten. Statt für einen kühlen Kopf zu sorgen, die Situation analytisch zu durchdringen und danach gezielt zu handeln, agieren wir schnell und kopflos automatisch. Die Kreativität leidet früh unter Stress, nicht erst in Extremsituationen und schwindet noch vor dem analytischen Denken. Die Fähigkeit zum analytischen Denken ist die kritische Leistungsgrenze, die man nicht unterschreiten sollte. Letztlich leidet die Kritikfähigkeit und die Denkmuster werden starr bis irrational. Verliert man dann auch noch seine Konzentrationsfähigkeit, bekommt man viele Informationen gar nicht mehr mit. Unter besonders starkem Stress verlieren manche Menschen mitten im Satz den roten Faden oder finden die richtigen Worte nicht.

Reflektion
In welchen Situationen haben Sie das bei sich beobachtet? Und in welchen Situationen haben sie das bei anderen beobachtet? Wenn Sie solche Symptome bemerken, heißt es einen Gang runter schalten. Erst muss der Stress gesenkt werden, dann kommt das Denken wieder. Man muss erkennen, dass man gerade nicht denk- und damit auch nicht entscheidungsfähig ist. Man sollte abwarten oder Hilfe bei anderen holen.

Emotionen beeinflussen unsere Wahrnehmungen, Entscheidungen und Handlungen (Damasio 1995). Diese Wirkung eigener Emotionen sollte man einkalkulieren, wenn man sich unter Stress mit starken Emotionen konfrontiert sieht. Je präziser man Emotionen reflektiert, desto eher vermeidet man mit Emotionen verbundene Fehler wie eine Denk- oder Handlungsautomatik. Emotionen beeinflussen nicht nur die Auswahl von Informationen, sondern auch die Informationsverarbeitung und die Entscheidungsfindung. Beispielsweise neigt man dazu, bei zwei sich widersprechenden Aussagen, dem sympathischeren Menschen zu glauben. Das gilt auch dann, wenn dessen Aussage inhaltlich weniger plausibel ist als die des unsympathischen Menschen.

Störrische Ruhe
Unter heftigen Emotionen und starkem Stress sind wir weniger leistungsstark, weniger willensstark und das Fehlerrisiko steigt. Wir befinden uns in einem Zustand, in dem wir schlecht Probleme lösen und in dem wir keine klugen Entscheidungen treffen können. Daher ist das erste Ziel bei starkem Stress ein Innerliches: Runter kommen und Kopf wieder anschalten. Oberstes Ziel ist es, den Stress mindestens in den mittleren Bereich abzusenken. Nur so geben wir dem Denken eine Chance und Denken ist unverzichtbar zum Problemlösen. Hans Kammerlander nennt das in einem Interview (Duregger und Vigl 2018, S. 47) eine „störrische Ruhe". Das trifft es, diese Art von Ruhe muss man sich erarbeiten und dem Stress abtrotzen. Es ist nicht die entspannte Ruhe nach Sport und Sauna. Warum das so wichtig ist und welche Art von Denken unverzichtbar ist, um klug zu entscheiden, zeigen wir im nächsten Kapitel.

Schädlich und nützlich zugleich
Und jetzt? Sind Emotionen nun nützlich oder schädlich für kluge Entscheidungen? So pauschal kann man das leider nicht beantworten. Emotionen sind umso nützlicher, je eher sie in solchen Situationen ablaufen, aus denen heraus sie sich entwickelt haben. Wer beispielsweise Angst hat, weil er mit einem Messer angegriffen wird, ist eher bereit und fähig schnell zu rennen. Die Angst läuft in einer Situation ab, aus der heraus sie entwickelt wurde, um bei wahrgenommener Bedrohung schnell zu fliehen. Je weiter entfernt Emotionen von Situationsklassen aktiviert werden, aus denen heraus sie sich entwickelt haben, desto schädlicher wirken Emotionen. Wenn man beispielsweise Angst empfindet, weil man eine gravierende Entscheidung treffen muss, bildet sich dieselbe Fluchttendenz wie bei einer körperlichen Bedrohung heraus. Nur stört in diesem Fall die Angst beim Nachdenken, Entscheiden und Handeln.

3.6 Zusammenfassung

Emotionen spielen zwangsläufig bei Entscheidungen eine Rolle. Menschen sind nicht emotionsfrei. Die Kunst bei guten Entscheidungen ist, den Emotionen nicht die Oberhand zu überlassen, sondern diese zu kontrollieren, um den Weg für Denken und für kluge Entscheidungen nicht zu verstellen.

Literatur

Atir, S., Rosenzweig, E., & Dunning, D. (2015). When Knowledge Knows No Bounds: Self-Perceived Expertise Predicts Claims of Impossible Knowledge. *Psychological Science, 26*(8), 1295–1303.

Culjak, A. (2015). *Organisation und Devianz. Eine empirische Fallrekonstruktion der Havarie der Costa Concordia.* Wiesbaden: Springer VS.

Damasio, A. R. (1995). *Der Spinoza-Effekt. Wie Gefühle unser Leben bestimmen.* München: List.

Dörner, D. (1989). *Die Logik des Misslingens.* Reinbek bei Hamburg: Rowohlt.

Dunning, D., Heath, C. & Suls, J. M. (2004). Flawed Self-Assessment. Implications for Health, Education, and the Workplace. *Psychological Science in the Public Interest, 5*(3), 69–106.

Duregger, V. & Vigl, M. (2018). *Hans Kammerlander. Höhen und Tiefen eines Lebens. Autobiografie in Gesprächen.* München: Malik.

Ehrlinger, J., Johnson, K., Banner, M., Dunning, D., & Kruger, J. (2008). Why the Unskilled are Unaware: Further Explorations of (Absent) Self-Insight Among the Incompetent. *Organizational Behavior and Human Processes, 105*(1), 98–121.

Fahrenberg, J. (2008). Emotionsforschung im Alltag. In: W. Janke, M. Schmidt-Daffy & G. Debus (Hrsg.), *Experimentelle Emotionspsychologie. Methodische Ansätze, Probleme, Ergebnisse.* Lengerich: Pabst (S. 63–86).

Fast, M. J., Sivanathan, N., Mayxer, N. D., & Galinsky, A. D. (2012). Power and Overconfident Decision-Making. *Organizational Behavior and Human Decision Processes, 117*(2), 249–260.

Feick, L. (2017). „Der einsame Wulff". Die Bedeutung der Medien für Dynamik und Verlauf der Wulff-Affäre. In Weigl, M. (Hrsg.), *Katastrophen. Affären. Skandale, Krisen. Analyse politischen Krisenmanagements.* Passau: Universität Passau (S. 33–53).

Gigerenzer, G. (2013). *Risiko. Wie man die richtigen Entscheidungen trifft* (6. Aufl.). München: Bertelsmann.

von Helversen, B., Wilke, A., Johnson, T., Schmid, G., & Klapp, B. (2011). Performance Benefits of Depression: Sequential Decision Making in a Healthy Sample and a Clinically Depressed Sample. *Journal of Abnormal Psychology, 120*(4), 962–968.

Hermanns, P. (2012). *Organizational Hybris – Aufstieg und Fall einer Celebrity Firm am Beispiel der CargoLifter AG.* Berlin: Freie Universität. Dissertation. http://www.diss.fu-berlin.de/diss/receive/FUDISS_thesis_000000039985[2017-10-24].

Klein, G. (2004). *The Power of Intuition.* New York: Currency/Doubleday.

Krakauer, J. (1997). *In eisige Höhen.* München: Piper.

Kruger, J., & Dunning, D. (1999). Unskilled and Unaware of It: How Difficulties in Recognizing One's Own Incompetence Lead to Inflated Self-Assessments. *Journal of Personality and Social Psychology, 77*(6), 1121–1134.

Litzcke, S., Schuh, H., & Pletke, M. (2013). *Stress, Mobbing, Burn-out am Arbeitsplatz* (6. Aufl.). Berlin: Springer.

Meyer, W.-U., Reisenzein, R. & Schützwohl, A. (2003). *Einführung in die Emotionspsychologie. Band II: Evolutionspsychologische Theorien* (3. Aufl.). Bern: Hans Huber.

Neumann, R. (2009). Automatische und kontrollierte Prozesse bei der Emotionsauslösung. In G. Stemmler (Hrsg.), *Psychologie der Emotion (Enzyklopädie der Psychologie)* (S. 131–165). Göttingen: Hogrefe.

Pfister, H.-R., Jungermann, H., & Fischer, K. (2017). *Die Psychologie der Entscheidung* (4. Aufl.). Berlin: Springer.

Plessner, H. (2011). Urteilen. In T. Betsch, J. Funke, & H. Plessner (Hrsg.), *Denken – Urteilen, Entscheiden, Problemlösen* (S. 10–63). Berlin: Springer.

Rost, W. (2001). *Emotionen. Elixiere des Lebens* (2. Aufl.). Berlin: Springer.

Schmidt-Atzert, L. (2008). Klassifikation von Emotionen. In: W. Janke, M. Schmidt-Daffy & G. Debus (Hrsg.), *Experimentelle Emotionspsychologie. Methodische Ansätze, Probleme, Ergebnisse.* Lengerich: Pabst (S. 179–191).

Schmidt-Atzert, L. (2009). Gefühle als Emotionsmonitor. In G. Stemmler (Hrsg.), *Psychologie der Emotion (Enzyklopädie der Psychologie)* (S. 339–386). Göttingen: Hogrefe.

Schmidt-Atzert, L., Peper, M., & Stemmler, G. (2014). *Emotionspsychologie* (2. Aufl.). Suttgart: Kohlhammer.

Shiota, M. N., & Kalat, J. W. (2012). *Emotion* (2. Aufl.). Belmont, CA (Australien): Wadsworth Cengage Learning.

Stanovich, K. E., West, R. F., & Toplak, M. E. (2013). Myside Bias, Rational Thinking, and Intelligence. *Current Directions in Psychological Science, 22*(4), 259–264.

Stemmler, G. (2008). Das Komponentenmodell somatoviszeraler Aktivierung bei Furcht und Ärger. In W. Janke, M. Schmidt-Daffy, & G. Debus (Hrsg.), *Experimentelle Emotionspsychologie. Methodische Ansätze, Probleme, Ergebnisse.* Lengerich: Pabst (S. 707–718).

Stemmler, G. (2009). Der Emotionsprozess. In G. Stemmler (Hrsg.), *Psychologie der Emotion (Enzyklopädie der Psychologie)* (S. 1–19). Göttingen: Hogrefe.

Toda, M. (1980). Emotion and Decision Making. *Acta Psychologica, 45*(1–3), 133–155.

West, R. F., Merseve, R. J., & Stanovich, K. E. (2012). Cognitive Sophistication Does Not Attenuate the Bias Blind Spot. *Journal of Personality and Social Psychology, 103*(3), 506–519.

Yerkes, R.M. & Dodson, J.D. (1908). The Relation of Strength of Stimulus to Rapidity of Habit-Formation. *Journal of Comparative Neurology and Psychology,* 18 (Nov), 459–482.

4

Denken – ist anstrengend, hilft aber

> In diesem Kapitel möchten wir Sie überzeugen, dass sich die Anstrengung selbst zu denken lohnt. Grams (2016, 13) spricht von einer Denkfalle, wenn ein eigentlich bewährter Denkmechanismus einsetzt, der mit einer konkreten Situation nicht zurechtkommt. Tappen Sie nicht in die Falle automatischen Denkens. Denken Sie kontrolliert. Denken hilft! Warum tun wir es dann so selten? Weil es anstrengend ist. Wir müssen dafür die emotional gebahnten bequemen Routinen verlassen.

Raus aus der Routine

Man kann grob zwei Arten zu denken unterscheiden: Automatisches Denken und kontrolliertes Denken. Weil kognitive Anstrengung unangenehm erlebt wird und Menschen denkfaul sind, vertraut man zu sehr dem automatischen Denken (Kahneman 2012, S. 62), letztlich seinen eingeschliffenen Routinen. Schön bequem, vertraut und emotional unterfüttert. Vom automatischen in kontrolliertes Denken umzuschalten ist ein echter Kraftakt.

Willenskraft

Man braucht nicht nur die analytischen Fähigkeiten kontrolliert zu denken, man muss auch den Willen aufbringen, es tatsächlich zu tun. Wer Selbstdisziplin hat, ist im Vorteil. Jürgen Hambrecht, 2003 bis 2011 Vorstandsvorsitzender der BASF SE, sagt (Nolte und Heidtmann 2009, S. 171), dass er unangenehme Dinge sofort erledigt und das auch nachts, wenn es nötig ist. Wenn eine Sache erledigt ist, zehrt sie nicht mehr an einem. Unser Tipp:

Schließen kräftezehrende Baustellen möglichst schnell, selbst, wenn das zunächst anstrengend ist.

4.1 Kontext prägt

Die Situation und was wir über sie vermuten bestimmt unsere Wahrnehmung. Dazu ein kurzes Beispiel. Bitte beantworten Sie zügig ohne langes Nachdenken die folgende Frage:

Wie viele Tiere jeder Art nahm Moses mit in die Arche?
Die meisten antworten: Zwei. Wenn Sie das auch getan haben, dann lesen Sie die Frage bitte noch einmal langsam Wort für Wort. Moses? Hat der wirklich ein Schiff gebaut? Hmmh, die Arche wurde von Noah gebaut. Die Frage *Wie viele Tiere jeder Art nahm Moses mit in die Arche?* regt die Assoziation Bibel an.

Vorsicht Falle
Der Begriff *Arche* lässt an Sintflut denken und an die bekannte Geschichte, dass Noah von jeder Art zwei mit auf seine Arche nahm. Dass es Noah und nicht Moses war, der die Arche baute und die Tiere rettet, fällt selten auf. Weil wir durch die Assoziationen Bibel – Arche – Sintflut schon fast automatisch auf die Antwort *zwei* drängen. Und, das ist zugegeben gemein, der Name *Moses* hat einen ähnlichen Klang wie der Name Noah und nicht zuletzt sind sowohl Moses wie auch Noah bekannte biblische Personen. Man fühlt sich sicher, antwortet schnell, fast automatisch und falsch. Haben Sie beim ersten raschen Lesen bemerkt, dass an dem Satz etwas nicht stimmt? Dann herzlichen Glückwunsch! Sie sind Teil einer kleinen Gruppe. Dass an dem Satz etwas nicht stimmt, wäre jedem von uns aufgefallen, wenn statt von *Moses* von einer eindeutig nicht biblischen Person die Rede gewesen wäre. Dann wäre die Assoziation Bibel nicht aktiviert worden. Beispiel:

Wie viele Tiere jeder Art nahm Albert Einstein mit auf die Arche?
Hier stutzt man. Was hat Albert Einstein mit der Arche tun? Richtig, nichts. Und Stutzen heißt raus aus der Automatik und rein in das bewusste und kontrollierte Denken. Zu stutzen und innezuhalten, also die Aufmerksamkeit zu erhöhen und nachdenken, was einen stört, ist hilfreich.

Praxistipp
Sollten Sie also mal wieder stutzen, halten Sie inne und überprüfen Sie, was nicht stimmt. Gehen Sie nicht über eine solche Warnung hinweg. Eine Situation, über die man stutzt, sollte man kritisch analysieren.

Kontrolliertes Denken
Kahneman (2012) bezeichnet die zwei Grundarten des Denkens als schnelles und als langsames Denken. Die Bezeichnung *langsames Denken* halten wir für missverständlich – der Begriff klingt zurückgeblieben und mängelbehaftet. Das ist aber nicht gemeint, weshalb wir die Bezeichnungen automatisches und kontrolliertes Denken vorziehen. Kontrolliert zu denken verbraucht viel kognitive Energie und wird als anstrengend erlebt. Man kann im kontrollierten Denken komplexe Situationen erfassen und neue Lösungswege entwickeln. Das gelingt im Modus des automatischen Denkens nicht. Vorsicht: Automatisches Denken ist nicht so etwas wie der gesunde Menschenverstand, sondern das Denken in eingeschliffenen Bahnen.

4.2 Gesunder Menschenverstand und andere Dummheiten

Der gesunde Menschenverstand ist eine spezielle Art der Selbstüberschätzung, keine Art zu denken, kommt aber eher im automatischen als im kontrollierten Denkmodus vor. Woher der Irrtum kommt, dass Menschen von Natur aus einen gesunden Menschenverstand besitzen, wissen wir nicht, wir sehen aber welche Folgen das hat.

Risiko Selbstüberschätzung
Wenn man sich mit viel gesundem Menschenverstand ausgestattet fühlt (Bin ich toll!), unterschätzt man eine Situation und überschätzt seine eigenen Fähigkeiten – keine gute Ausgangslage, um Probleme zu lösen. Dörner (1989, S. 56) schreibt zu den Fehlern um Vorfeld der Nuklearkatastrophe von Tschernobyl: Es ist niemand vor einem Bildschirm eingeschlafen, keiner hat eine Warnlampe übersehen oder einen falschen Knopf gedrückt. Die Operateure haben mit großer Selbstsicherheit schlicht und einfach schlecht gedacht – im automatischen Denkmodus. Die Operateure waren angesehene Spezialisten und galten als Experten.

Expertenstatus reicht nicht
Aber nur, weil ein Mensch intelligent oder ein Experte ist, heißt das nicht, dass er oder sie diese Intelligenz und das Expertenwissen auch sinnvoll nutzt. Wenn jemand besonders intelligent ist, ist das kognitive Potenzial hoch. Ob das Potenzial in einer konkreten Situation genutzt wird, ist eine andere Frage. Auch der Status als Experte alleine hilft wenig.

Vertrautes erlaubt automatisches Denken
Zurück zum automatischen und kontrollierten Denken. Wann hilft was? Grob kann man zwischen bekannten und neuen Situationen unterscheiden. Für bekannte Situationen gibt es funktionierende Heuristiken, die man nutzen und mit denen man Energie sparen kann – man darf denkfaul bleiben und schont sich für noch kommende Herausforderungen. Je vertrauter eine Situation ist, desto eher kann man im Modus automatischen Denkens bleiben. Hier ein Beispiel aus einem von uns geführten Interview mit einem Extrembergsteiger: „Das mache ich immer und automatisch: wenn ich am Berg nach oben gehe, schaue ich an kritischen Punkten immer wieder genau, welche Alternativen es gibt, zurückzugehen. Das passiert inzwischen automatisch. Man muss rechtzeitig und immer wieder zurücksehen, in der Notsituation ist es zu spät."

Neu ist anstrengend
Für neue Situationen können wir nicht auf Heuristiken zurückgreifen. Heuristiken müssen entwickelt werden, was Zeit und Erfahrung braucht. In neuen Situationen sollte man in den Modus kontrollierten Denkens wechseln. Man muss eine neue Situation verstehen und analytisch durchdringen. Je neuartiger eine Situation ist, desto eher sollte man in den anstrengenden Modus kontrollierten Denkens wechseln. Eine Situation ist dabei nicht an und für sich bekannt oder neu, sondern immer nur für einen bestimmten Menschen.

> **Beispiel**
> Wenn ein erfahrener Kriminalbeamter gelernt hat, eine Sonderkommission zu leiten, ist eine neue Sonderkommission eine für ihn bekannte Situation und er kann auf funktionierende Heuristiken zurückgreifen. Kommt ein Nachwuchsbeamter in dieselbe Situation, ist die Situation für ihn neu und anstrengend, weil für ihn alles neu ist und er fast durchgängig im Modus kontrollierten Denkens arbeiten muss. Aus demselben Grund strengt uns ein neuer Job so viel mehr an als ein alter Job, den wir schon einige Jahre kennen.

Bewusst denken
Was bedeutet das für das Entscheiden in schwierigen Situationen? Man muss erkennen, wann man in welchem Modus denken sollte. Man spricht auch von einer übergeordneten Steuerung. Deshalb sollte man eine Situation erst einmal verstehen, ehe man entscheidet, ob man im automatischen Denken verharren kann oder ob man auf kontrolliertes Denken umschalten muss. Das klingt leichter als es ist. Gerade bei starkem Stress drängt es uns zu automatischem Denken. Auch Emotionen verführen zu automatischem Denken. Daher gilt: Erst Stress und die eigenen Emotionen in den Griff kriegen (siehe Kap. 3 *Emotionen – schlechter als ihr Ruf*), dann Gehirn anschalten und denken.

So leicht wie sich das schreibt kommt man leider nicht in den Modus des kontrollierten Denkens. Man braucht eine ordentliche Portion Willenskraft, um vom automatischen Denken in kontrolliertes Denken zu wechseln. Und das schon im Alltag, nicht erst in einer Krisensituation. Wie wir in Kap. 3 *Emotionen – schlechter als ihr Ruf* geschildert haben, leidet unser Denkvermögen unter starkem Stress. Bei starkem Stress fehlt neben der Leistungsfähigkeit auch die Leistungsbereitschaft für kontrolliertes Denken. Im Gegensatz dazu kann automatisches Denken auch unter dem Einfluss von starkem Stress, Angst oder Ärger und bei großer Müdigkeit funktionieren. Unserer Erfahrung nach ist der zentrale Erfolgsfaktor für kluge Entscheidungen die Fähigkeit, zielsicher zwischen kontrolliertem und automatischem Denken zu wechseln. Ziel kann es übrigens nicht sein, immer im kontrollierten Denkmodus zu verharren. Das ist viel zu anstrengend und wenn es schließlich darauf aufkommt, wären wir erschöpft.

4.3 Automatisch versus kontrolliert

Die Unterscheidung von automatischem und kontrolliertem Denken wird auch als Zwei-Komponenten-Modell bezeichnet. Das Zwei-Komponenten-Modell, eigentlich gibt es mehrere konkurrierende Modelle, hat nicht nur Befürworter.

Denken ist nicht gleich Denken
Nach Mangold (2012, S. 21) wird in Zwei-Komponenten-Modellen davon ausgegangen, dass es zwei verschiedene kognitive Denkarten gibt. Allerdings sollte man nicht von zwei tatsächlich verschiedenen Systemen im Gehirn ausgehen (Mangold 2012, S. 24). Die zwei Komponenten werden auch als zwei Prozesse, zwei Typen oder zwei Systeme bezeichnet.

Häufig finden sich in der Bezeichnung der zwei Systeme Gegensatzpaare, die auf ein zentrales Merkmal hinweisen, beispielsweise automatisch versus kontrolliert, das haben wir übernommen, heuristisch versus systematisch, impulsiv versus reflexiv (Neyer und Asendorpf 2018, S. 34; Plessner 2011, S. 43–44), bewusst versus unbewusst (Dijksterhuis 2010), System 1 versus System 2 (Kahneman 2012), langsames versus schnelles Denken (Kahneman 2012) oder intuitiv versus reflektiert (Evans 2014) – es gibt noch weitere Varianten. Evans und Stanovich (2013, S. 225) fassen verschiedene Ansätze zusammen (Tab. 4.1) und verdeutlichen die zentralen Unterschiede zwischen automatischem und kontrolliertem Denken.

Kontrolliertes Denken strengt an
Die Auflistungen in Tab. 4.1 lassen erkennen, warum man für kontrolliertes Denken viel Denkleistung benötigt. Das Arbeiten mit abstrakten Begriffen, das Befolgen von (logischen) Regeln, die Kontrolle von Informationen und das Einschalten des Gedächtnisses kosten kognitive Energie.

Jede Denkart hat Vorteile
Mit dem Begriff Zwei-Komponenten-Modell ist nicht gemeint, dass es sich nur und exakt um zwei Systeme handelt, es können auch mehr Teilsysteme sein (Evans & Stanovich 2013, S. 224–225). Auch kann man nicht davon sprechen, dass kognitive Fehler immer auf automatisches Denken

Tab. 4.1 Automatisches und kontrolliertes Denken (modifiziert nach Evans & Stanovich 2013, S. 225 sowie Stanovich et al. 2014, S. 81–82)

	Automatisches Denken	Kontrolliertes Denken
Kernbereich	arbeitet autonom, keine kontrollierende Aufmerksamkeit nötig	arbeitet mit mentalen Repräsentationen, kontrollierende Aufmerksamkeit nötig
Merkmale	schnell	langsam
	hohe Kapazität	geringe Kapazität
	parallel	seriell
	nicht bewusst	bewusst
	kontextbezogen	abstrakt
	automatisch	kontrolliert
	assoziativ	regelbasiert
	implizites Wissen	explizites Wissen
	evolutionär alt	evolutionär jung
	geringer Zusammenhang mit Intelligenz	Zusammenhang mit Intelligenz
	benötigt kein/wenig Arbeitsgedächtnis	benötigt viel Arbeitsgedächtnis

zurückgehen (Evans 2009, S. 41) oder dass kontrolliertes Denken immer im abstrakten Modus arbeitet (Evans & Stanovich 2013, S. 226). Mit anderen Worten: Automatisches Denken ist nicht nur eine Steinzeitvariante unseres Gehirns und kontrolliertes Denken funktioniert nicht immer fehlerfrei und ist daher nicht per se der bessere Modus.

Automatisches Denken ist schnell
Automatisches Denken ist gekennzeichnet durch (Plessner 2011, S. 44) einen geringen kognitiven Aufwand (Franssens und De Neys 2009, S. 118) sowie durch die Anwendung vorhandener Kategorien, Schemata und Heuristiken. Gerade weil man vorhandene Kategorien, Schemata und Heuristiken verwendet, ist man so schnell. Wie beim Bau eines Fertighauses baut man vormontierte Teile zusammen und das spart Zeit. Im Vergleich dazu benötigt kontrolliertes Denken (Plessner 2011, S. 44) einen hohen kognitiven Aufwand und zeichnet sich durch analytisches Denken aus – man nimmt quasi jeden Backstein des Hauses in die Hand, prüft und verbaut ihn dann. Eigentlich prüft man schon, ob das überhaupt ein Backstein ist, den man da in der Hand hält.

Einmal durchatmen
Raucht Ihnen der Kopf? Gut! Dann sind Sie da, wo Sie jetzt sein sollten: Im Modus kontrollierten Denkens. Wir hatten ja gewarnt, dass Denken anstrengend ist. Bleiben Sie weiter dran. Wir haben hier nur einen kleinen Ausschnitt aus der wissenschaftlichen Diskussion geschildert und uns jeweils für die Darstellung derjenigen Variante aktuell diskutierter Modelle entschieden, die einen praktischen Mehrwert beim Entscheiden verspricht. Dazu müssen wir stark vereinfachen. Das heißt, ja man kann es im Detail auch anders darstellen und ja, es gibt auch noch andere Modelle. Nachfolgend unterscheiden wir nur zwischen zwei Komponenten. Ob es sich letztlich um genau zwei Arten zu Denken oder um drei, vier oder noch mehr handelt ist weniger relevant als die grundsätzliche Unterscheidung verschiedener Denkarten und Überlegung, in welchen Situationen welche Denkart hilfreich ist.

Konstruktive Entscheidungen
Den größten kognitiven Aufwand erfordern so genannte *konstruktive Entscheidungen*. Damit ist kein konstruktiver Umgang bei Konflikten gemeint, sondern das erforderliche Ausmaß kognitiver Konstruktionsprozesse in der Entscheidungsfindung. Nach Pfister et al. (2017, S. 29) sind bei konstruktiven Entscheidungen die Optionen entweder nicht (vollständig)

vorgegeben, nicht hinreichend definiert oder es fehlen Informationen zum Nutzen verschiedener Optionen. Im Falle fehlender Informationen zum Nutzen verschiedener Optionen müssen persönliche (Nutzen)Werte erst entwickelt werden, was eine Prognose der mittel- und langfristigen Folgen von Entscheidungen erfordert. In solchen Fällen sollte man kontrolliert Denken.

> **Wichtig**
> Als Faustregel gilt: Je unvertrauter und komplexer eine Situation ist, desto stärker sollte man analytisch Denken und im kontrollierten Modus arbeiten.

Ein erfahrener Bergsteiger wird schon beim Aufstieg automatisch nach Hinweisen und Geländestellen suchen, die ihm beim Abstieg helfen. Ein Anfänger muss sich mühsam dazu zwingen, er muss kontrolliert nach den günstigen Geländestellen für den späteren Abstieg suchen. Mit zunehmender Erfahrung verschiebt sich die Suche nach hilfreichen Geländestellen für den Abstieg in das automatische Denken.

4.4 Exekutive Kontrolle

> **Definition**
> Nach Müller et al. (2015, S. 156) fasst man unter exekutiver Kontrolle Mechanismen zusammen, die relevant werden, „wenn die Zielerreichung während einer ablaufenden Handlung schwierig ist."

Denken bis es weh tut
Schwierig kann bedeuten, dass der Kontext für eine Handlung neu ist, eine Handlung selbst besonders schwierig ist, Fehler unbedingt vermieden werden müssen, mehrere Handlungen koordiniert werden müssen oder eine Handlung gegen eine andere, automatisch aktivierte Handlung durchgesetzt werden muss (Müller et al. 2015, S. 156). Eine Handlung gegen eine automatisch aktivierte Handlung durchsetzen zu müssen, bedeutet im kontrollierten Denken agieren und zeitgleich einen Handlungsimpuls aus dem automatischen Denken hemmen zu müssen. Man muss zwei anstrengende Baustellen gleichzeitig in den Griff bekommen. Das heißt in kritischen Situationen: Denken Sie, bis es weh tut.

Hilfe für den Alltag

Beim bewussten Umschalten in das kontrollierte Denken kann nach Milkman et al. (2009, S. 380) ein formaler Prozess helfen. Man könnte auch von einem roten Faden sprechen, an dem man sich im Emotionssturm und im Stress orientiert. Das Bild einer Checkliste, die man stur abarbeitet, würde in die Irre führen, weil zu wenig Spielraum für situationsangepasstes Verhalten bliebe. Wir stellen mit dem roten Faden in Kap. 7 *Gut entscheiden – der rote Faden* eine Struktur vor, die hilft, auch unter widrigen Umständen ins kontrollierte Denken umzuschalten. Man kann es Drehen und Wenden wie man möchte, neben Intelligenz ist Volition, die willentliche gesteuerte Anstrengung, der zweite große Einflussfaktor für kluge Entscheidungen. Man muss sich notfalls zwingen können, kontrolliert zu denken, auch wenn einen das sehr anstrengt und man dazu überhaupt keine Lust hat (Kahneman 2012, S. 64). Man sollte mental flexibel bleiben (Schmalzl 2008, S. 72) und sich jederzeit von seinen automatischen Denkmustern loslösen können.

Intuition hilft nur in bekannten Situationen

Intuition kann vor allem in Situationen helfen, mit denen man schon Erfahrungen gesammelt hat. In solchen bekannten Situationen kann automatisches Denken und damit auch Intuition zu besseren Ergebnissen führen als kontrolliertes Denken. In neuen Situationen führt Intuition indes oft zu fehlerhaften Analogien und damit zu Fehlentscheidungen. Man erkennt beispielsweise nicht, dass eine wichtige Information fehlt. Dass zeigt ein Beispiel von Sinek (2017, S. 17):

> **Beispiel**
>
> „Der 43-jährige Mann wurde an einem kalten Januartag als Führer seines Landes vereidigt. An seiner Seite stand sein Vorgänger, ein berühmter General, der 15 Jahre zuvor die Streitkräfte seines Landes in einem Krieg befehligt hatte, in dem Deutschland besiegt wurde. Der junge Führer war in römisch-katholischem Glauben erzogen worden. Die folgenden fünf Stunden verfolgte er Ehrenparaden, er feierte bis drei Uhr morgens."

Diesen Fehler macht fast jeder

Sinek ist ein amerikanischer Autor und man denkt als Leser fast zwangsläufig an J. F. Kennedys Vereidigung. Allerdings, und das ist von Sinek (2017) beabsichtigt, fehlt ein wichtiges Detail: Das Datum. Sinek (2017, S. 17) hat Adolf Hitler im Januar 1933 beschrieben, nicht J. F. Kennedy im Januar 1961. Das Beispiel zeigt, dass gerade im Modus automatischen Denkens ein typischer Fehler darin besteht, Informationen nicht präzise genug zu überprüfen und, weil man sich sicher fühlt und deshalb nicht überprüft, welche Informationen möglicherweise noch fehlen oder ob sich die Informationslage verändert hat.

71 und 1 Tote am Bodensee
Das könnte auch eine Mitursache für den Zusammenstoß (Bundesstelle für Fluguntersuchungen (BFU) 2004, S. 6) zweier Flugzeuge am 1. Juli 2002 nördlich der Stadt Überlingen am Bodensee gewesen sein. Beide Flugzeuge wurden von einem Fluglotsen in Zürich geführt. Keiner an Bord der Flugzeuge überlebte. 71 Menschen starben. Gut anderthalb Jahre nach dem Absturz wurde der dienstleitende Fluglotse von einem Mann erstochen, dessen Frau und zwei Kinder bei der Kollision ums Leben gekommen waren. In dem Untersuchungsbericht der BFU (2004, S. 6) wird der Ablauf des Flugzeugabsturzes akribisch aufgearbeitet:

- Die Unterschreitung des Mindestabstandes zwischen den beiden Flugzeugen wurde von der Flugsicherungskontrollstelle erst spät bemerkt.
- Die Crew eines der Flugzeuge folgte der Anweisung der Flugverkehrskontrollstelle zum Sinkflug und befolgte diese Anweisung auch weiter als das TCAS (Traffic Alert and Collision Avoidance System), ein im Flugzeug befindliches Zusammenstoßwarnsystem, sie zum Steigflug aufforderte.
- Die widersprüchlichen Hinweise, Anweisung der Flugverkehrskontrolle zum Sinkflug und Hinweise des TCAS zum Steigflug, wurde von der Crew zwar bemerkt, aber der Widerspruch konnte nicht aufgeklärt werden.

Schleichende Schlamperei
Laut BFU (2004, 76) hatte sich aus Bequemlichkeit eingeschliffen, dass sich einer von zwei Flutlotsen im Nachdienst immer mal wieder im Pausenraum ausruhte. Der verbleibende Fluglotse musste daher alle Dinge alleine erledigen. Das Verfahren war dem Management bekannt und geduldet worden. Solange es keine besonderen Probleme gab, passierte nichts.

Überlastung
Am Unglückstag waren statt der vorgeschriebenen zwei nur ein Fluglotse im Kontrollraum. Dem einen verbliebenen Fluglotsen fiel nicht auf, dass sich beide Flugzeuge aufeinander zu bewegten, weil er gleichzeitig mit dem

schwierigen Anflug eines anderen Flugzeugs auf den Flughafen Friedrichshafen beschäftigt war (BFU 2004, 77). Der Anflug war kompliziert und kostete den Fluglosten viel seiner Aufmerksamkeit. Deshalb kümmerte er sich in dieser Zeit nicht um andere Flugzeuge. Der zweite Fluglotse war zu dieser Zeit im Pausenraum und konnte nicht helfen.

Managementversagen im Vorfeld
Laut BFU (2004, 78) hätte die Führung und die Qualitätssicherung die faktische Unterbesetzung der Arbeitspositionen im Nachtdienst abstellen müssen. Die Führung tat das nicht, sondern duldete die eingeschliffene Praxis. So haben sich die Fluglosten die Nachtschicht etwas angenehmer gestaltet und sich immer mal wieder im Pausenraum ausgeruht.

Fluglotsenversagen in der Adhoc-Situation
Der Fluglotse hatte seine Aufmerksamkeit zu stark auf die anstehende Landung eines Flugzeuges auf dem Flughafen Friedrichhafen gerichtet. Laut BFU (2004, 87) hätte die Annäherung der beiden Flugzeuge bei Beobachtung des Radarmonitors frühzeitig bemerkt werden können. Der Radarmonitor wurde jedoch nicht durchgehend beobachtet und der drohende Zusammenstoß wurde deshalb erst sehr spät bemerkt.

Es hätte auch gut gehen können
Wenn das TCAS nicht eingegriffen hätte, wäre es noch gut gegangen. Der Flugloste kontrollierte nicht, ob seine Weisung an die Crews der beiden Flugzeuge umgesetzt wurden oder nicht. Weil das TCAS in einem der beiden Flugzeuge eine entgegengesetzte Empfehlung gab und die Crew dem TCAS folgte statt der Anweisung des Fluglotsen, wurde die Weisung nicht vollständig umgesetzt. Warum kontrollierte der Flugloste nicht, ob seine Weisungen befolgt wurden oder nicht? Die Zeit hatte er gerade nicht, weil er sich weiter um die Landung in Friedrichshafen kümmern musste. Der Pausenraum lag im Übrigen so weit weg, dass er nicht einfach schnell seinen Kollegen zu Hilfe holen konnte. Die Überlastung führte zu zwei Fehlern. Die sich anbahnende Annäherung zweier Flugzeuge bemerkte der Fluglotse zu spät, da wäre eine Entflechtung der beiden Flugzeuge einfach gewesen. Und aus demselben Grund fehlte dem Fluglosten später die Zeit, zu kontrollieren, ob die zwei sich annähernden Flugzeuge seine Weisungen befolgten oder nicht.

Schlüsselfähigkeit

> **Wichtig**
> Die Fähigkeit in einer schwierigen Situation zu erkennen, dass eine zentrale Information fehlt, ist eine Schlüsselfähigkeit für den Erfolg.

Situationen, zu denen man in der Vergangenheit vielfältige Erfahrungen gesammelt hat, können im automatischen Denken gelöst werden. Für neue Situationen oder für Situationen, die sich systematisch von früheren Lernerfahrungen unterscheiden, die sehen dann nur so ähnlich aus wie bekannte Situationen, benötigt man kontrolliertes Denken. Um abstrakte Informationen verarbeiten zu können, braucht man eine erhebliche Denkleistung, die man nur beim kontrollierten Denken hat. Ein dem schweizerischen Schriftsteller Friedrich Dürrenmatt (1921–1990) zugeschriebenes Zitat bringt das so auf den Punkt: „Unter Intuition versteht man die Fähigkeit gewisser Leute, eine Lage in Sekundenschnelle falsch zu beurteilen." Das gilt für neue Situationen. Man macht so weiter, wie man es kennt und denkt nicht gründlich genug nach, weil man irrtümlich glaubt, eine Situation vollständig erfasst zu haben.

Man schaltet kontrolliertes Denken nicht so häufig ein, wie es sinnvoll wäre. Zum einen wirkt automatisches Denken subjektiv so überzeugend, oft genug emotional unterfüttert, dass eine Notwendigkeit für das Umschalten ins kontrollierte Denken gar nicht erst erkannt wird. Vor dem Umschalten in kontrolliertes Denken müsste man erst einmal erkennen, dass automatisches Denken für eine bestimmte Situation nicht ausreicht. Zum anderen muss man im Modus des kontrollierten Denkens mehr kognitive Energie und mehr Willenskraft aktivieren. Mit anderen Worten: Kontrolliertes Denken ist sehr anstrengend.

Dissonanz aushalten

Man benötigt Willensenergie nicht nur, um ins kontrollierte Denken zu wechseln und dieses aktiviert zu lassen, sondern auch, um kognitive Dissonanzen auszuhalten, die kontrolliertes Denken mit sich bringen kann. Kognitive Dissonanz entsteht beispielsweise, wenn Lösungsansätze sich widersprechen. Es kann auch kognitive Dissonanzen zwischen kontrolliertem und automatischen Denken geben, wenn beispielsweise eine emotional präferierte Handlung (automatisches Denken), wie sich mit Freunden treffen, als nicht zielführend eingestuft wird (kontrolliertes Denken), um noch einen Vortrag vorzubereiten. Da kontrolliertes Denken mehr Denkleistung benötigt als automatisches Denken ist ein Umschalten in kontrolliertes Denken nur dann evolutionär sinnvoll, wenn das tatsächlich geboten ist. Ansonsten verschwendet man Energie.

4.5 Kognitive Sparsamkeit

Blicken wir noch einmal zurück zu den Emotionen, die wir in Kap. 3 *Emotionen – schlechter als ihr Ruf* beschrieben haben. Für gute Entscheidungen ist es notwendig, situativ angemessen zwischen automatischem und kontrolliertem Denken umschalten zu können und zu erkennen, welche Art des Denkens zielführend ist. Beispielsweise kann automatisches Denken dann hilfreich sein, wenn eine aktuelle Extremsituation früheren Extremsituationen gleicht und man funktionierende Heuristiken entwickelt hat. In einem solchen Fall kann ein erfahrener Mensch schnell und richtig entscheiden. Sollte sich eine aktuelle Extremsituation jedoch von früheren Situationen unterscheiden, muss man in kontrolliertes Denken umschalten. Beispielsweise kann die Entscheidung eines Extrembergsteigers routiniert entsprechend früherer Entscheidungen erfolgen, sofern er ähnlichen Situationen bereits in der Vergangenheit mehrfach ausgesetzt war – beispielsweise den Folgen eines längeren Aufenthalts in einer Höhe von über 8.000 m. Ein- und dieselbe Extremsituation kann für einen anderen Extrembergsteiger völlig neu sein. Alleine aus einer Situation, beispielsweise dem Klettern in großer Höhe, kann man keine Rückschlüsse auf die erforderlichen Denkleistungen für eine Entscheidung ableiten. Wichtig ist, welche Person mit welchen Erfahrungen auf welche Situation trifft.

Denken aktiv steuern
Gute Entscheider halten ihr Denken selbst unter starkem Stress im optimalen Modus und folgen nicht blind dem Autopiloten (automatisches Denken), auch wenn sie immer wieder einmal Teilprobleme automatisch lösen. Umgekehrt verharren erfolgreiche Entscheider nicht unnötig im kräftezehrenden kontrollierten Denken, wenn es nicht sein muss. Zudem kann auch analytisches Denken zu Fehlern und Verzerrungen führen. Man sollte also nicht davon ausgehen, dass man mit kontrolliertem Denken Probleme in jedem Fall besser lösen kann (Fiedler und Sydow 2015, S. 153–154) als mit automatischem Denken. Ein situativ perfektes Zusammenspiel von automatischem und kontrolliertem Denken sichert hinreichend kognitive Kapazität, wenn es darauf ankommt. Würde man ständig kontrolliert denken, befände man sich rasch an der Erschöpfungsgrenze, hätte also keine Reserven.

> **Beispiel**
>
> Hierzu ein Beispiel aus unseren Interviews mit einem Sicherheitsberater zu einem Erpressungsfall: „Habe Ziele, beispielsweise X heraushalten, und versuche Ziele situativ zu erreichen, dabei verwende ich dann je nach Situation Checklistenbruchstücke. …. Entscheidung: Die … müssen über kurz oder lang aus dem Gebäude herausgebracht werden. Folge: Ich verhandele …. und mache in Teilen Zugeständnisse (wir zahlen, aber nicht so viel). Es war ein Zusammenspiel von Erfahrung, guter Verkäufer (auf die Menschen eingehen), aber keine fertige Checkliste. Bin auf die Bedürfnisse der beiden [Täter]… eingegangen."

Flow

Wenn man unter starkem Stress kontrolliertes Denken benötigt, muss man zwei Dinge vollbringen: Automatischem Denken ab- und kontrolliertes Denken anschalten. Den optimalen Arbeitszustand von kontrolliertem Denken bezeichnet man als *Flow* (Kahneman 2012, S. 57). Da bereits das gezielte Umschalten von automatischem in kontrolliertes Denken Energie verbraucht, ist eine Steuerung der Denkmodi nur dann leistbar, wenn eine Person noch über freie kognitive Ressourcen verfügt. Wer komplett am Anschlag ist, kann nicht mehr kontrolliert denken. Auch hierzu ein Originalzitat aus unseren Interviews: „Ich darf nicht so am Anschlag sein, dass ich nicht mehr flexibel bin." Das bringt es auf den Punkt. Wer keine Energie mehr hat, kann nur noch automatisch Denken. Für mehr reicht es dann nicht mehr.

4.6 Zögerliche Philosophen und entscheidungsfrohe Tatmenschen

Dörner (1989) untersuchte das Verhalten in komplexen Situationen mittels Computersimulationen. Durch Analyse des lauten Denkens von Testpersonen während deren Entscheidungen in komplexen Computersimulationen konnte er feststellen, dass über den Verlauf einer Computersimulation hinweg die relative Häufigkeit von Situationsanalysen abnahm und die Zahl schneller Entscheidungen zunahm. Nach Dörner (1989, S. 29) hatten sich „zögerliche Philosophen" in „entscheidungsfrohe Tatmenschen" verwandelt, was erst einmal gut klingt, zumindest in den Ohren der meisten Manager. Leider klingt es nur gut. Tatsächlich litt die Entscheidungsqualität.

Hypothesen prüfen

Als Fehlerursachen beschreibt Dörner (1989, S. 32) das Handeln ohne vorherige Situationsanalyse, die Nichtbeachtung von Fernwirkungen und Nebenwirkungen, die Flucht in (Pseudo)Projekte sowie die Entwicklung von zynischen Reaktionen bei drohendem Scheitern. Erfolgreiche Entscheider dachten komplex und bedachten bei ihren Entscheidungen die Gesamtperspektive und nicht nur Einzelaspekte (Dörner 1989, S. 39), befanden sich also im Modus kontrollierten Denkens. Interessanterweise stellten erfolgreiche und weniger erfolgreiche Entscheider vergleichbar häufig Hypothesen über Zusammenhänge der Einflussfaktoren auf. Allerdings prüften die Erfolgreichen im Anschluss an das Aufstellen ihre Hypothesen häufiger darauf, ob die aufgestellten Hypothesen tatsächlich zutreffend waren. Weniger erfolgreiche Entscheider produzierten letztlich keine Hypothesen, die ernsthaft überprüft wurden, sondern lediglich bequeme subjektive Wahrheiten (Dörner 1989, S. 40), die nur aussahen wie Hypothesen. Zur Unterscheidung zwischen Fakten, Wahrnehmungen und Hypothesen siehe Kap. 5 *Fakten, Wahrnehmungen und Hypothesen.*

Fokussierung

Weniger erfolgreiche Entscheider fokussierten sich nicht auf ein Thema, sondern sprangen von einem Thema zum nächsten (Dörner 1989, S. 41). Erfolgreiche Entscheider waren besser organisiert, dachten mehr über ihre Entscheidungen nach (Selbstreflektion) und analysierten eigene Entscheidungen selbstkritischer (Dörner 1989, S. 44). Die guten Entscheider waren zudem eher in der Lage, Unsicherheit zu ertragen (Dörner 1989, S. 46).

> **Wichtig**
> Unsicherheit zu ertragen ist deshalb so wichtig, weil man ansonsten dem Herdentrieb verfällt und es lieber so macht wie die anderen.

Dem Herdentrieb zu folgen ist nur dann sinnvoll, wenn die anderen wirklich wissen, was Sie tun und wenn die anderen vergleichbare Interessen, Motive, Werte und Persönlichkeitseigenschaften haben. Man sollte also nicht nur die richtigen Gedanken haben, sondern sich auch trauen, die richtigen Gedanken auszusprechen und durchzusetzen.

4.7 Novizen, Experten und Intuition

Eine Differenzierung zwischen verschiedenen Arten von Entscheidungen ist unverzichtbar, um Forschungsergebnisse sinnvoll vergleichen zu können. Ein Vergleich verschiedener Ergebnisse ist nur dann sinnvoll, wenn dieselbe Art von Entscheidung untersucht wurde. Beispielsweise muss man Ad-hoc-Situationen, wie eine Notwehrsituation, oder strategische Entscheidungen, wie die Neuaufstellung von Apple im Jahr 1997 nach der Rückkehr von Steve Jobs, unterscheiden. Zudem kann man wiederkehrende Extremsituationen, beispielsweise bei Extrembergsteigern, von einmaligen Extremsituationen unterscheiden, wie beispielsweise bei der Nuklearkatastrophe in Fukushima.

Intuition ist keine Magie
So kann ein erfahrener Bergsteiger an der Beschaffenheit des Eises an einer bestimmten Stelle am Berg erkennen, dass der geplante Aufstiegsweg zu gefährlich ist. Was umgangssprachlich mit Intuition umschrieben wird, ist keine esoterische Vorahnung, sondern das Ergebnis einer langjährigen Expertise in der Verarbeitung von Informationen. Intuition hat nichts Magisches (Kahneman 2012, S. 23). Bloß weil man als Novize Informationen nicht in derselben Geschwindigkeit verarbeiten kann wie ein Experte und man deshalb auch nicht versteht, wie ein Experte Informationen verarbeitet, heißt das nicht, dass übersinnliche Kräfte am Werk sind. Hier müssen wir entzaubern: Auch heutige Experten mussten erst kontrolliert denkend in komplexe Situationen hineingehen und haben über Jahre hinweg Routinen entwickelt, die sie befähigen, sehr schnell zu erkennen welches Muster in einer konkreten Situation vorliegt und welche Handlungen dazu passen.

Novizen lernen noch
Nach Dreyfus (1997, S. 19) unterscheiden sich Novizen deutlich von Experten. Novizen erfassen Schritt für Schritt die Bedeutung von Informationen/Hinweisen, und das erst einmal ohne Beachtung situativer Aspekte. Ein solches Lernen erfolgt langsam, bewusst und ist anstrengend.

> **Beispiel**
> Beispielsweise lernt man beim Autofahren Schalten, Umschauen, Gas geben etc. und muss diese verschiedenen Handlungsschritte sinnvoll zu fließenden Bewegungen kombinieren. Während Autofahren zu Beginn viel Aufmerksamkeit erfordert, fährt man später automatisch. Je länger man fährt, desto mehr hat man gelernt mehr oder weniger automatisch zu fahren, außer in ungewöhnlichen Situationen, in denen man wieder bewusst fahren muss.

Aus dem Grund sind Novizen, nicht nur beim Autofahren, langsam im Vergleich zu Experten. Mit der Zeit lernen Novizen nach Dreyfus (1997, S. 20) wichtige Informationen schneller zu erkennen, beispielsweise schalten fortgeschrittene Fahrer automatisch, wenn der Motor zu hochdreht. Ein fortgeschrittener Autofahrer muss nicht mehr überlegen, was ein hochdrehender Motor bedeutet, sondern er weiß, dass er schalten muss. Letztlich erkennt ein fortgeschrittener Fahrer den Schlüsselreiz hochdrehender Motor und handelt unmittelbar. Insofern ist Lernen das Erkennen und zunehmend automatisierte Verarbeiten von Hinweisreizen (Dreyfus 1997, S. 21). Teil des Lernens auf dem Weg zum Experten ist zwischen Hinweisreizen unterscheiden und damit situativ angemessene Reaktionen entwickeln zu können. Ein Experte erkennt beispielsweise, dass nicht nur der Motor hochdreht, sondern auch, dass das Auto zugleich an Geschwindigkeit verliert. In dem Fall hilft Schalten nicht, da die Ursache für das Motorengeräusch nicht ein zu kleiner Gang sein kann. Experten agieren nur so lange automatisch, wie sie keine von ihren Erfahrungen abweichenden Hinweisreize wahrnehmen. Dadurch sparen sie Energie. Demgegenüber arbeiten Novizen durchgängig im kontrollierten Modus. Das ist nicht nur sehr anstrengend, sondern kann auch verhindern, Hinweisreize frühzeitig zu erkennen – schlicht deshalb, weil das kognitive System bereits am Anschlag arbeitet und man den Wald vor lauter Bäumen nicht sieht. Ein Experte kann nicht nur automatisch Hinweisreize erkennen, er weiß auch welche Handlungen ausgeführt werden müssen (Dreyfus 1997, S. 22).

Entscheidungen automatisieren
Das kann so weit gehen, dass Experten nicht merken, dass sie im automatischen Modus Entscheidungen treffen. So berichtet Klein (2004) in dem Vorwort zu seinem Buch, dass Feuerwehrleute, die er zu Einsätzen befragte, antworteten, dass sie gar nicht entscheiden würden, sondern einfach handelten. Die Feuerwehrleute waren so erfahrene Experten, dass sie sogar Entscheidungen automatisiert hatten. Die Entscheidungen fallen schnell

und mühelos und, das zeigt die Aussage der Feuerwehrleute, nicht vollständig bewusst. Deshalb benötigen Experten nur wenig kognitive Energie, hier wenig Aufmerksamkeit, in Situationen, in denen Novizen bereits durch die bloße Situation kognitiv ausgelastet oder sogar überlastet wären.

Kontrollschleifen
Dennoch sollten auch Experten automatischem Denken nicht bedingungslos vertrauen. Idealweise verknüpft man Intuition mit analytischen Kontrollschleifen. Nach Klein (2004, S. 23) erkennen Experten schneller und mehr relevante Hinweisreize als Novizen in ein- und derselben Situation. Hier ein Beispiel aus einem Interview, das wir geführt haben: „Jede eingehende Information wurde unmittelbar bewertet. Was irrelevant war, wurde ausgeblendet. Es blieb keine Zeit, um alle verfügbaren Informationen zu sichten, zu überprüfen und zu gewichten. Es ging darum, sehr schnell handlungsfähig zu werden." …. „Optionen sehe ich vor meinem geistigen Auge, wichtig und unwichtig wird sofort unterschieden, um entscheidungsfähig zu bleiben." … „Informationen wurden von mir wie in einem Tunnel aufgenommen, … – Informationen wurden mitbekommen, aber starke Filterung. Habe nur verwertbare Informationen aufgenommen." Das hier geschilderte Tempo ist nur von Experten zu leisten. Einzelne Hinweisreize werden zu Mustern (Schemata) zusammengefügt, woraus sich ein Gesamtbild gibt (Lagebild).

Spezifische Skripte
Für verschiedene Lagen verfügen Experten über spezifische Handlungsskripte, die beim Erkennen einer bestimmten Lage aktiviert werden. Was scheinbar automatisch abläuft, ist letztlich das Ergebnis von langjährigem Lernen. Allerdings wird man nicht alleine durch Erfahrung ein Experte, man muss die Erfahrungen reflektieren, zuordnen und letztlich analytisch durchdringen. Erfahrungen zu machen reicht nicht, man sollte die Erfahrungen auch verstehen und verknüpfen. Gelingt das, verfügt man über eine schnelle mustererkennende Wahrnehmung sowie eingespielte Handlungsskripte. Im Gegensatz dazu müssen Novizen alle Informationen einzeln wahrnehmen, bewerten und ordnen und anschließend einzelne Handlungsschritte mühsam erarbeiten. Das kostet Zeit und lastet das Gehirn aus.

Erfolgsrezept Probehandeln
Aber selbst Experten scheitern, wenn sie fälschlicherweise in einer neuen Situation, die für andere Situationsklassen entwickelten Wahrnehmungsschemata und Handlungsskripte anwenden. Das ist die negative Seite von

Routine. In solchen neuartigen Situationen müssen auch Experten das kontrollierte und mühsame analytische Denken bemühen. Also raus aus den Siebenmeilenstiefeln und wieder einen Fuß vor den anderen setzen. Nach Klein (2004, S. 25) wägen Feuerwehrleute im Einsatz oft nicht zwischen verschiedenen Optionen ab, sondern das konkrete Vorgehen kristallisiert sich heraus. Was wie ein Widerspruch klingt, ist auflösbar. Feuerwehrleute sind Experten in der Feuerwehrbekämpfung und treffen eine Reihe von Entscheidungen automatisch, es wären also in der Regel mehrere Optionen verfügbar gewesen, allerdings nur eine zielführende. Für einen Experten wirkt das so als hätte es von vorneherein nur eine einzige Option gegeben, weil alle nicht infrage kommenden Optionen automatisch ausgeblendet werden. Aufgrund der Erfahrungen können Feuerwehrleute durch eine Art Probehandeln (mentale Simulation) vor Initiierung einer Handlung abschätzen, ob eine Handlung erfolgreich sein wird oder nicht (Klein 2004, S. 26). Passiert das sehr schnell, dringt nur das Ergebnis in das Bewusstsein: Die einzige zielführende Handlung in der konkreten Situation. Alle übrigen Informationen werden ausgeblendet. Während Experten schon handeln, arbeiten Novizen immer noch Berge irrelevanter Informationen ab.

Prä-Mortem-Lernen
Intuition ist nach Klein (2004, S. 67) umso eher zielführend, je mehr Zeitdruck besteht, je weniger gut Ziele definiert sind, je dynamischer eine Situation ist und mehr die handelnden Personen Experten auf dem fraglichen Gebiet sind. Hingegen ist nach Klein (2004, S. 67) Analyse (kontrolliertes Denken) umso zielführender, je eher es um Optimierung, Konfliktlösung, Begründung und nummerische Komplexität geht. Intuition ist nach Klein (2004, S. 96) besonders wertvoll beim frühzeitigen Erkennen von Hinweisreizen, dass sich eine Situation negativ entwickeln *könnte*. Klein (2004, S. 98–99) nennt das recht einprägsam Prä-Mortem-Lernen. Statt zu warten, bis ein Patient gestorben ist und danach in der Pathologie akribisch zu analysieren, woran er gestorben ist (Post-Mortem-Lernen), sollte man trotz möglicher Unzulänglichkeit möglichst früh mit einer erfolgversprechenden Behandlung beginnen – solange der Patient noch lebt.

Bei allen Vorteilen sind Experten kein Allheilmittel. Auch deshalb nicht, weil es Experten immer nur für einen bestimmten Erfahrungsbereich gibt – es gibt keine Allgemeinexperten – das wäre ein Widerspruch in sich. Und daher ist es auch nicht sinnvoll, Schauspieler nur wegen ihrer Bekanntheit zu politischen Fragen zu interviewen oder von Politikern erhellende Antworten zum aktuellen Stand der Forschung in der künstlichen Intelligenz zu erwarten. Das gilt im Übrigen auch für uns. Bloß weil wir

Erfahrung mit Entscheidungen in schwierigen Situationen haben, sind wir keine Experten für Panikattacken, die politische Entwicklung in China oder für Investitionsentscheidungen.

4.8 Fukushima: Fehlentscheidungen können verzögert wirken

Bei Entscheidungen geht es oft nicht nur darum, ein akutes Problem zu lösen, sondern auch darum, langfristig kluge Entscheidungen zu treffen. Ein Beispiel, bei dem das nicht gelungen ist, sind Entscheidungen im Vorfeld der Katastrophe von Fukushima. Was war passiert? Kurz vor der Nuklearkatastrophe von Fukushima war Japan dem Tōhoku-Erdbeben am 11. März 2011 und dem hieraus resultierenden Tsunami ausgesetzt. Durch diese beiden Ereignisse starben zwischen 15.000 und 20.000 Menschen. Das verliert man weit weg in Europa mitunter aus dem Blick, wenn man ausschließlich an die Nuklearkatastrophe von Fukushima denkt. Aus dem offiziellen Untersuchungsbericht von Kurokawa (2012, S. 9–13) sowie aus der Chronologie auf Wikipedia (Stichwort: Nuklearkatastrophe von Fukushima) kann man den Verlauf rekonstruieren.

Erdbeben
Starkes Erdbeben am 11. März 2011 um 14:46 Uhr: Das Erdbeben war weltweit das viertstärkste in den letzten hundert Jahren (Schönenberger, Rosser und Schenker-Wicki 2014, S. 5). Die Primärwellen des Tsunami erreichten das Kernkraftwerk Fukushima-Daiichi und verursachten Schäden an den Schaltanlagen (Schönenberger, Rosser und Schenker-Wicki 2014, S. 5). Dies führte zu einem Totalausfall der externen Stromversorgung, der zunächst durch Notstromdieselgeneratoren kompensiert werden konnte. Unmittelbar nach dem Stromausfall starteten zwölf von dreizehn Notstromdieselgeneratoren und stellten die Stromversorgung und damit die Kühlung der Reaktoren kurzfristig sicher. Das geschah automatisch und ohne zwischengeschaltete Entscheidungen von Menschen. Dass die Notstromversorgung von Reaktor 1 misslang, weil Steckdosen nicht passten, war keine Folge des Erdbebens, sondern eine Konsequenz früherer Fehlentscheidungen, die zum Einbau nicht passender Steckdosen geführt hatten.

Tsunami
Das Erdbeben löste einen Tsunami aus. Der höchste Wasserstand wurde am 11. März 2011 um 15:37 Uhr erreicht. Schönenberger, Rosser und Schenker-Wicki (2014, S. 6) beschreiben, dass der Tsunami die Reaktorblöcke überflutete, wodurch die Meerwasserpumpen ausfielen und die Wärme nicht mehr aus den Reaktoren abgeführt werden konnte. Dadurch kam es zu einer Überhitzung und zu einer Freilegung der Reaktorkerne. Infolge einer Wasserstoffexplosion wurden große Mengen radioaktives Material freigesetzt. Die Überflutung und Zerstörung der tief gelegenen Notstromdieselgeneratoren war ebenfalls die Folge einer (Fehl)Entscheidung deutlich vor der Katastrophe. Ein Teil der Notstromdieselgeneratoren war im Vergleich zum Meeresspiegel zu tief aufgestellt worden. Diese Entscheidung war ebenfalls vor dem Erdbeben getroffen worden. Die nicht passenden Steckdosen waren nicht die einzige Fehlentscheidung, die ohne Zeitdruck lange vor der eigentlichen Katastrophe getroffen worden war. Insofern waren für die Katastrophe von Fukushima nicht nur Entscheidungen nach dem Erdbeben relevant, das waren Entscheidungen in einer kritischen Situation, sondern auch (Fehl)entscheidungen vor dem Erdbeben ohne starken Stress im Alltag.

Stromausfall
Die Katastrophe nahm ihren Lauf. Durch die Überflutung der Notstromdieselgeneratoren fiel der Strom endgültig aus, so dass das Bedienpersonal keinen Zugang zu Monitoren und Kontrollfunktionen mehr hatte. Das Herunterkühlen der Reaktoren ohne Strom gestaltete sich je nach Reaktor als schwer bis unmöglich. Die fehlende Notstromversorgung war nicht nur eine Folge des Erdbebens und des Tsunami, sondern wäre ohne frühere (Fehl)entscheidungen vor dem Erdbeben, also vor der eigentlichen komplexen Situation, möglicherweise nicht eingetreten. Nachdem die Notstromgeneratoren überflutet worden waren, konnte das Bedienungspersonal vor Ort nicht mehr viel tun. Die Kernschmelze in drei Reaktoren mit katastrophalen Schäden und Auswirkungen bis hinein in die deutsche Energiepolitik ist eine Konsequenz sowohl der Ereignisse Erdbeben und Tsunami wie auch eine Konsequenz von (Fehl)entscheidungen deutlich vor diesen Ereignissen.

Verzögerungstaktik
In dem Untersuchungsbericht zu Fukushima (Kurokawa 2012, S. 27–30) werden noch weitere Alltagsfehlentscheidungen deutlich vor dem Störfall aufgeführt, die mit zur Katastrophe beigetragen hatten. Beispielsweise hatte

die Nuclear Safety Commission Japans (NSC) im Jahr 2006 eine verschärfte Sicherheitsrichtlinie veröffentlicht und im Jahr 2008 wurde ein interner Bericht des Kernkraftwerkbetreibers Tokyo Electric Power Company (TEPCO) von der NSC als Umsetzung der Richtlinie akzeptiert, obwohl in dem Bericht von TEPCO zu den meisten verschärften Sicherheitsvorgaben keine Angaben zur konkreten Umsetzung gemacht wurden. Vor Tsunamis, die stärker ausfallen könnten als zum Konstruktionszeitpunkt von Fukushima (1967) angenommen worden war, war von wissenschaftlicher Seite wiederholt gewarnt worden.

Kein schwarzer Schwan
Insofern war der Tsunami am 11. März 2011 kein Ereignis, das völlig überraschend aus dem Nichts auftauchte (schwarzer Schwan). TEPCO, der Betreiber des Nuklearkraftwerkes Fukushima, reagierte auf die 2006 verschärfte Sicherheitsrichtlinie mit einer Verzögerungstaktik, Lobbyarbeit und präsentierte abwiegelnde eigene Studien, die potentielle Gefahren verharmlosten. Als ob das noch nicht gereicht hätte, waren die Notfallpläne von TEPCO nicht aktuell, Diagramme unvollständig und das Notfalltraining unzureichend. Hinter jedem dieser Versäumnisse steht eine Alltagsfehlentscheidung zeitlich deutlich vor dem Tōhoku-Erdbeben und vor dem Tsunami. Durch eine angemessene Vorbereitung, also durch richtige Entscheidungen weit vor den Ereignissen Erdbeben und Tsunami, wären die Folgen nicht so drastisch ausgefallen.

Risiko früh erkennen
Die Fehlentscheidungen im Vorfeld der Katastrophe von Fukushima zeigen, dass manche Alltagsentscheidungen, beispielsweise die implizite Ablehnung der Richtlinienverschärfung von 2006 durch TEPCO, nicht nur mit fehlendem Wissen zusammenhängen, sondern auch mit wirtschaftlichen Interessen. Bei manchen getroffenen Entscheidungen könnten Zielkonflikte eine Rolle gespielt haben. Beispielsweise maximale Sicherheit gegen maximalen Gewinn abwägen. Beide Ziele sind nicht in vollem Maße zeitgleich erreichbar, weil Sicherheit Geld kostet. Allerdings sollte TEPCO nicht auf Basis des heutigen Wissens unterstellt werden, dass mit dem Wissen um die spätere Katastrophe dieselben Fehlentscheidungen getroffen worden wären. Hinterher ist man immer schlauer. Die Frage ist, ob man vorher nicht etwas schlauer hätten sein können und sein müssen.

Fehlentscheidungen wurden nicht nur im Vorfeld im Alltag getroffen, sondern auch in der Bewältigung der Katastrophe: Das waren Fehlentscheidungen bzw. fehlgeschlagene Problemlösungen in einer schwierigen

Situation sowie nach der Katastrophe im kommunikativen Umgang (Mabon und Kawabe 2016). Für Interessierte ist der offizielle Untersuchungsbericht von Kurokawa (2012) eine empfehlenswerte Lektüre. Das Beispiel zeigt, dass man sich nicht nur auf Entscheidungen und Problemlösungen in schwierigen Situationen selbst konzentrieren sollte, sondern dass man zeitlich teilweise deutlich früher getroffene Entscheidungen in die Analyse von Entscheidungen und Problemlösungen einbeziehen muss.

4.9   Brexit: von Risiken und Nebenwirkungen

Neben- und Fernwirkungen sind nicht nur bei Nuklearunfällen ein Problem, sondern beispielsweise auch bei politischen Entscheidungen wie dem Brexit, dem Austritt des Vereinigten Königreichs von Großbritannien und Nordirland aus der Europäischen Union. Zum Zeitpunkt der Abstimmung über den Brexit am 23. Juni 2016 war möglicherweise nicht allen Wählerinnen und Wählern bekannt, welche Neben- und Fernwirkungen ihre Entscheidung haben würde. Auf der anderen Seite kann man demokratischen Gepflogenheiten folgend nicht so oft abstimmen, bis alle die Folgen einer Entscheidung umfassend verstanden haben. Wiederholte Volksabstimmungen zu ein- und demselben Thema in relativ kurzem Zeitabstand können das Vertrauen in die Verlässlichkeit der Regeln und in das System insgesamt untergraben. Also gibt es nicht nur Fernwirkungen nach der Brexitabstimmung aus dem Jahr 2016, sondern es gäbe auch Fern- und Nebenwirkungen bei einer erneuten Abstimmung. Man muss also nicht nur kontrolliert Denken können, um Fern- und Nebenwirkungen zu erkennen, man muss es auch rechtzeitig tun.

Wunschdenken ausschalten
Mit der Entscheidung für eine Volksabstimmung über den Brexit hätten die Folgen für den Fall der Zustimmung zum Brexit von den handelnden Politikern bedacht werden müssen. Nach Welfens (2018, S. 24–25) gibt es aus ökonomischer Sicht keine guten Argumente für einen EU-Austritt Großbritanniens. Aus heutiger Sicht hat sich der damalige britische Premierminister David Cameron (2010–2016) verspekuliert. Cameron wollte eigentlich in der EU bleiben und das Thema Brexit durch die Volksabstimmung beerdigen. Aus heutiger Sicht hat David Cameron mit der Entscheidung, eine Volksbefragung über den Brexit anzuberaumen, eine Entscheidung getroffen, deren Folgen er nicht überblickte.

Die Darstellung Welfens (2018, S. 41–42) zeigt, wie falsch David Cameron die Situation einschätzte als er einer Volksabstimmung über den Brexit zustimmte. David Cameron hatte Probleme mit EU-Skeptikern in seiner eigenen Partei. Diesen gegen die EU gerichteten Kräften wollte David Cameron durch die Volksabstimmung den Boden entziehen. Aber selbst der starke persönliche Einsatz von David Cameron für einen Verbleib in der EU hat nicht geholfen. Die Mehrheit der Briten stimmte für den Austritt aus der EU. Ob David Cameron auch dann eine Volksabstimmung vom Zaun gebrochen hätte, wenn er das Ergebnis gekannt hätte?

Transfer
Risiken auszublenden und sich zu sehr vom eigenen Wunschdenken leiten zu lassen, ist kein exklusiver Fehler von David Cameron. Das gelingt den meisten Menschen auch in ihrem Alltag. Wer jahrelang raucht, weiß, dass er wahrscheinlich an Krebs erkranken wird – zumindest erhöht sich das Risiko drastisch. Eine mögliche Krebserkrankung erscheint aber so weit weg, dass man sie nicht ins Kalkül zieht. Analog verhält es sich damit gesünder zu Essen, sich mehr zu bewegen, sich mehr um Freunde oder den eigenen Partner zu kümmern.

Da Aufmerksamkeit, Merkfähigkeit und Denkgeschwindigkeit limitiert sind, ist deren sinnvoller Einsatz bei Entscheidungen, besonders unter Stress, erfolgskritisch. Neben dem gezielten Einsatz knapper Ressourcen hilft auch eine hohe kognitive Leistungsfähigkeit. Entscheidern mit geringer kognitiver Leistungsfähigkeit oder starker emotionaler Störbarkeit unterlaufen bereits bei Alltagsentscheidungen Fehler, die Entscheider mit höherer kognitiver Leistungsfähigkeit und geringer emotionaler Störbarkeit erst unter starkem Stress begehen.

Emotional stabil und intelligent
Wer oft in einem bestimmten Anwendungsbereich entscheidet, der entwickelt sich zu einem Experten. Als Experte kann man einen Teil der Informationen im automatischen Modus verarbeiten, was den Aufwand mindert. Man ist allerdings kein Allgemeinexperte, sondern immer nur für diejenigen Situationen, in denen man geübt ist. Intelligente und emotional stabile Menschen sind im Vorteil, weil sie mehr kognitive Reserven haben und keine oder nur wenig Energie für die Selbstwertstabilisierung verschwenden.

Langfristigkeit
Zudem sollte man die langfristen Folgen und Nebenwirkungen einer Entscheidung bedenken. Zu oft steht eine kurzfristige Nutzenoptimierung von Teilaspekten im Vordergrund. Langfristige Folgen zu erkennen, setzt vorausschauendes Denken ebenso voraus, wie die Fähigkeit den Verlockungen kurzfristig positiver Folgen zu widerstehen.

> **Wichtig**
> Wenn man klug entscheiden will, muss man sich anstrengen und gezielt so denken, wie es die Situation erfordert. Man sollte sich zu anstrengendem Denken im kontrollierten Modus zwingen können.

Literatur

Bundesstelle für Fluguntersuchungen (BFU) (2004). *Untersuchungsbericht* (AX001–1–2/02, Mai 2004). Braunschweig: Bundesstelle für Fluguntersuchungen.
Dijksterhuis, A. (2010). *Das kluge Unbewusste. Denken mit Gefühl und Intuition* (2. Aufl.). Stuttgart: Klett-Cotta.
Dörner, D. (1989). *Die Logik des Misslingens*. Reinbek bei Hamburg: Rowohlt.
Dreyfus, H. L. (1997). Intuitive, Deliberative, and Calculative Models of Expert Performance. In C. E. Zsambok & G. Klein (Hrsg.), *Natural Decision Making* (S. 17–28). Mahwah (N.J.): Lawrence Erlbaum Associates.
Evans, J. St. B. T. (2009). How Many Dual-Process Theories Do We Need? One, Two, or Many? (S. 33–54). In *Two minds: Dual Processes and Beyond*. Oxford: Oxford University.
Evans, J. S. B. T. (2014). Two Minds Rationality. *Thinking & reasoning, 20*(2), 129–146.
Evans, J. S., & B. T. & Stanovich, K. E. (2013). Dual-Process Theories of Higher Cognition: Advancing the Debate. *Perspectives on Psychological Science, 8*(3), 223–241.
Fiedler, K. & von Sydow, M. (2015). Heuristic and Biases: Beyond Tversky and Kahneman's (1974) Judgment under Uncertainty. In: M. W. Eysenck & D. Groome (Hrsg.), *Cognitive Psychology. Revisiting the Classic Studies* (S. 146–161). Thousand Oaks: Sage.
Franssens, S., & De Neys, W. (2009). The Effortless Nature of Conflict Detection During Thinking. *Thinking & Reasoning, 5*(2), 105–128.
Grams, T. (2016). *Klüger irren – Denkfallen vermeiden mit System*. Berlin: Springer.
Kahneman, D. (2012). *Schnelles Denken, langsames Denken*. München: Siedler.
Klein, G. (2004). *The Power of Intuition*. New York: Currency/Doubleday.

Kurokawa, K. (2012). *The Official Report of Fukushima Nuclear Accident Independent Investigation Commission.* Executive Summary. The National Diet of Japan. Verfügbar unter: https://www.nirs.org/wp-content/uploads/fukushima/naiic_report.pdf Zugegriffen: 10. April 2017.

Mabon, L., & Kawabe, M. (2016). Engagement on Risk and Uncertainty – Lessons from Coastal Regions of Fukushima Prefecture, Japan after the 2011 Nuclear Disaster? *Journal of Risk Research.* https://doi.org/10.1080/13669877.2016.1200658.

Mangold, S. (2012). *Kognitive Verarbeitungsprozesse beim kausalen Urteilen und Entscheiden.* Göttingen: Universität Göttingen. Dissertation.

Milkman, K. L., Chugh, D., & Bazerman, M. H. (2009). How Can Decision Making be Improved? *Perspectives on Psychological Science, 4*(4), 379–383.

Müller, H. J., Krummenacher, J., & Schubert, T. (2015). *Aufmerksamkeit und Handlungssteuerung.* Berlin: Springer.

Neyer, F. J., & Asendorpf, J. B. (2018). *Psychologie der Persönlichkeit* (6. Aufl.). Berlin: Springer.

Nolte, B., & Heidtmann, J. (2009). *Die da oben. Innenansichten aus deutschen Chefetagen.* Frankfurt am Main: Suhrkamp.

Pfister, H.-R., Jungermann, H., & Fischer, K. (2017). *Die Psychologie der Entscheidung* (4. Aufl.). Berlin: Springer.

Plessner, H. (2011). Urteilen. In T. Betsch, J. Funke, & H. Plessner (Hrsg.), *Denken – Urteilen, Entscheiden, Problemlösen* (S. 10–63). Berlin: Springer.

Schmalzl, H. P. (2008). *Einsatzkompetenz.* Frankfurt am Main: Verlag für Polizeiwissenschaft.

Schönenberger et al. Schönenberger, L., Rosser, C. & Schenker-Wicki, A. (2014). Merkmale und wirtschaftliche Bedeutung von Katastrophen. In: O. Grün & A. Schenker-Wicki (Hrsg.), *Katastrophenmanagement.* Wiesbaden: Springer Gabler.

Sinek, S. (2017). *Frag immer erst: Warum. Wie Führungskräfte zum Erfolg inspirieren* (4. Aufl.). München: Redline.

Stanovich, K. E., West, R. F., & Toplak, M. E. (2014). Rationality, Intelligence, and the Defining Features of Type 1 and Type 2 Processing. In J. Sherman, B. Gawronski, & Y. Trope (Hrsg.), *Dual Processes of Social Mind* (S. 80–91). New York (N.Y.), USA: Guilford Press.

Welfens, P. J. J. (2018). *BREXIT aus Versehen. Europäische Union zwischen Desintegration und neuer EU* (2. Aufl.). Wiesbaden: Springer Fachmedien.

5

Fakten, Wahrnehmungen und Hypothesen

> In diesem Kapitel zeigen wir: Je mehr Informationen in einer Situation auf einen einprasseln, desto wichtiger ist es, Informationen hoher Qualität herauszufiltern. Informationen hoher Qualität nennen wir Fakten und Informationen mit unsicherer Qualität Wahrnehmungen. Hypothesen sind keine Informationen, sondern begründete Vermutungen. Hypothesen muss man dann aufstellen, wenn wichtige Informationen fehlen und nicht beschaffbar sind. Selbst wenn man Hypothesen nicht bewusst aufstellt, hat man welche, zumindest in Form von Erwartungen.

Nach der Hypothesentheorie der Wahrnehmung steigen wir in jede neue Wahrnehmung mit unseren Erfahrungen (frühere Wahrnehmungen) ein (Lilli und Frey 1993, S. 51). Solche nicht notwendigerweise bewussten Erfahrungen werden auch Hypothesen genannt. Man sollte Hypothesen erkennen und sich bewusst machen, nur dann kann man sie relativieren und gezielt Alternativhypothesen aufstellen. Je stärker eine Hypothese ist und je weniger diese bewusst ist, desto mächtiger ist deren Einfluss auf die Wahrnehmung. Im Extremfall dominiert eine Hypothese die Wahrnehmung so stark (Lilli und Frey 1993, S. 53–54), dass von der Hypothese abweichende Informationen gar nicht oder nur stark verzerrt zur Kenntnis genommen werden. Man wird quasi blind für die Aufnahme nicht hypothesenkonformer Informationen, siehe beispielsweise viele der sogenannten Querdenker in der COVID-19-Pandemie. Es lohnt sich also, zwischen Fakten, Wahrnehmungen und Hypothesen zu unterscheiden und besonders mit Hypothesen sehr bewusst umzugehen.

> **Wichtig**
> Man sollte Informationen danach sortieren, wie verlässlich sie sind. Je verlässlicher eine Information ist, desto höher sollte sie bei Entscheidungen gewichtet werden.

Zudem sollte man systematisch vorgehen und nicht einfach Informationen so verarbeiten, wie sie zufällig eintreffen. Verzerrungen in der Verarbeitung von Informationen sollte man vermeiden, was am besten im Modus kontrollierten Denkens gelingt. Nur dann kann man Komplexität angemessen reduzieren und schafft sich eine solide Entscheidungsbasis. Wenn man zutreffend zwischen Fakten, Wahrnehmungen und Hypothesen unterscheidet, kann man auch komplexe Situationen in ihrem Kern erfassen.

5.1 Vernachlässigung von Fakten wird bestraft

Horns (2014, S. 147–152) Schilderungen der Ermittlungen zu dem Yorkshire Ripper zeigen, wie wichtig die Unterscheidung von Fakten, Wahrnehmungen und Hypothesen ist. Ein Serienmörder setzt den Norden Englands zwischen 1975 und 1980 in Angst und Schrecken. Inmitten dieser bis dahin aufwendigsten Ermittlung in der britischen Kriminalgeschichte, wurde am 5. Februar 1977 Irene Richardson ermordet. Am Tatort wurden Reifenspuren gefunden. Als Verursacher der Reifenspuren kamen 51 Fahrzeugtypen und rund 53.000 Halter infrage. Alle diese Personen mussten überprüft werden, mühsam, aber machbar. Die Reifenspur war ein *Fakt* und hätte daher die höchste Priorität erhalten müssen. Zunächst folgte die Polizei der Spur auch konsequent, aber im Juli 1977 verlagerte die Polizei den Schwerpunkt ihrer Ermittlungen. Die zu diesem Zeitpunkt noch fehlenden 20.000 Fahrzeughalter wurden nicht mehr überprüft. Unter diesen 20.000 noch nicht überprüften Fahrzeughalter war auch der Täter Peter Sutcliffe. Wenn die einmal getroffene korrekte Entscheidung durchgehalten worden wäre, hätte der Täter schon 1977 identifiziert werden können. Wenn man eine derart arbeitsintensive Maßnahme aus guten Gründen beginnt, sollte man sie auch zu Ende führen.

Vom Weg abgekommen

Wieso kam die Polizei von der Spur ab? Am 10. Juli 1977 griff der Täter erneut eine Frau an. Die Frau war angetrunken und konnte den Täter nur vage beschreiben. Zum Glück konnte ein Zeuge, ein Wachmann, das Fahrzeug des Täters genau beschreiben, ein weißer Mark II Ford Cortina. Aufgrund dieser *Wahrnehmung* des Zeugen, wurde die Überprüfung der Fahrzeughalter auf 5000 Halter von Fahrzeugen des Typs Mark II Ford Cortina eingrenzt. Auf dieser Liste war Peter Sutcliffe nicht mehr zu finden, weil er in Wahrheit einen Ford Corsair fuhr. Der Wachmann war sich absolut sicher gewesen und dennoch war seine Wahrnehmung fehlerhaft. Subjektive Sicherheit ist keine Garantie für eine hohe Informationsqualität. Die Wahrnehmung eines Zeugen wurde höher bewertet als der Fakt Reifenspur – und die leitenden Ermittler wählten eine Abkürzung in die Sackgasse.

Schlüsselfaktor Information

Wenn man erstens die wichtigen Informationen erkennt und man zweitens merkt, dass zentrale Informationen noch fehlen, ist man auf einem guten Weg. Unseren Erfahrungen nach laufen viele Entscheidungen unter einem gewissen Zeitdruck ab, man muss diese beiden Aufgaben also zügig, aber ohne Hast, abschließen.

Zu viele Joghurtbecher

Allerdings kann man nicht bei allen Entscheidungen so lange warten, bis man alle Optionen überprüft und bewertet hat.

> **Beispiel**
>
> Die eigene Leistungsgrenze wird bereits bei einfachen Alltagsentscheidungen erreicht, wie im Supermarkt vor einer Kühltheke mit 80 Joghurtsorten. Wird eine kritische Anzahl von Joghurtbechern überschritten, kann man nicht mehr alle Joghurtbecher hinsichtlich aller Kriterien vollständig bewerten. Ansonsten würde man vor dem Regal verhungern. Stattdessen reduziert man die Komplexität und entscheidet zwischen einer eingegrenzten Zahl von Joghurtbechern, beispielsweise nur zwischen denen im Glas (Präferenz: Umweltschutz), nur zwischen bekannten Marken (Präferenz: Bekanntheit), nur zwischen den günstigen (Präferenz: Preis) oder nach anderen Heuristiken, die eine rasche Eingrenzung der Optionen auf eine überschaubare Zahl ermöglichen. Man bewertet also direkt zu Beginn einige Informationen als wichtiger als andere. Das sind Entscheidungen vor der eigentlichen bewussten Entscheidung Kauf eines bestimmten Joghurts. Bei Joghurtbechern kann man einfach seinen Vorlieben (Kirsche) oder Einstellungen (Umweltschutz) folgen, letztlich würde vermutlich jeder Joghurt seinen Zweck erfüllen.

Schnell statt perfekt
Selbst wenn ein vollständiger Vergleich aller Joghurtbecher möglich wäre, muss man hinterfragen, ob ein solches Vorgehen nützlich wäre. Man würde viel Energie und Zeit bei der Suche nach dem perfekten Joghurt verschwenden, ohne dass das Ergebnis dazu in angemessener Relation stünde – am Ende trägt man einen Joghurt in seinem Einkaufskorb nach Hause und isst ihn. Einen Joghurtbecher in 10 s auszuwählen, der seinen Zweck erfüllt, ist in evolutionärem Sinne nützlicher als nach 2 h den perfekten Joghurtbecher ausgesucht zu haben, der nur etwas besser ist als der nach 10 s ausgesuchte Becher. Mit einer wachsenden Informationsmenge, hier zu viele Joghurtbecher und zu viele mögliche Kriterien, wächst die Gefahr einer Überforderung des kontrollierten Denkens. Bei Überforderung setzt man energiesparende Ansätze wie Heuristiken ein, um ein Problem noch bewältigen zu können. Da man die eigene Anstrengung in Relation zum Nutzen setzen sollte, wäre eine schnelle und akzeptable, aber nicht perfekte Entscheidung bei dem Joghurtbecherproblem evolutionär nützlich und eine langsame perfekte Entscheidung evolutionär wenig nützlich. Wenn man sich erst einmal auf *seinen* Joghurtbecher festgelegt hat, kauft man ab da meist automatisch, man nimmt einfach den Joghurtbecher, den man kennt und der seinen Zweck erfüllt hat. Das ist hilfreich, schließlich stehen neben Joghurt noch weitere Dinge auf dem Einkaufszettel. Man hat erfolgreich eine Heuristik zum Kauf eines Joghurtbechers entwickelt und in den Einkaufsalltag integriert.

Fakten – Wahrnehmungen – Hypothesen
Selbst bei einem simplen Joghurtbecherkauf sind Informationen die Grundlage der Entscheidung. Ein sorgfältiger Umgang mit Informationen ist angesichts der Bedeutung, die Informationen für die Entscheidungsqualität haben, unverzichtbar. Eine Fehleinschätzung der Qualität von Informationen hat weitreichende Konsequenzen. Unserer Erfahrung nach hat sich eine Differenzierung von Informationen in die drei Kategorien *Fakten*, *Wahrnehmungen* und *Hypothesen* (begründete Vermutungen) bewährt. Das sind so wenige Kategorien, dass sie auch unter starkem Stress noch gehandhabt werden können und auf der anderen Seite reichen diese drei Kategorien in der Regel aus, um die wichtigsten Informationsqualitäten zu unterscheiden. Auch für eine Kategorisierung wie diese gilt, sie muss nützlich sein – nicht perfekt.

Fakten

Fakten sind Informationen von hoher Qualität, beispielsweise der Kletterpartner ist am Berg abgestürzt und hat das Seil für den Abstieg mit sich gerissen oder die Triebwerke sind ausgefallen und das Flugzeug befindet sich in 800 m Flughöhe. Fakten sind sichere Informationen.

Wahrnehmungen

Die Informationsqualität von Wahrnehmungen ist schlechter, auch wenn uns das oft nicht direkt auffällt. Wahrnehmungen sind stärker subjektiv gefärbt und deshalb fehleranfälliger als Fakten. Ob man beispielsweise einen 180 cm großen Mann als klein, mittelgroß oder groß bezeichnet, hängt auch von der eigenen Perspektive ab. Für wie hoch halten Sie den Informationsgehalt der Aussage, dass der Himmel zuzieht und die Wolken dunkler werden? Mit welcher Wahrscheinlichkeit wird es regnen? Wir wissen es nicht sicher, daher sind solche Informationen keine Fakten.

Hypothesen

Neben Fakten und Wahrnehmungen gibt es noch (begründete) Vermutungen, wie beispielsweise ich werde es vermutlich ohne Seil nicht in das Tal schaffen oder es könnte einen Schneesturm geben. Hypothesen sind Vermutungen und können von schlechter, gleicher oder besserer Qualität sein als Wahrnehmungen. Wenn Informationen eine schlechtere Qualität als Wahrnehmungen oder Hypothesen haben, sind sie für Entscheidungen nicht verwendbar. Man spricht dann von Spekulationen. Spekulationen sind nicht nur nicht nützlich, sie schaden, weil sie Denkleistung auf unbrauchbare Informationen lenken.

Objektiv und subjektiv

Der Wahrnehmungsprozess ist komplex, besteht aus vielen Teilprozessen und ist nicht nur datengetrieben, sondern hängt auch von dem ab, was wir erwarten. Becker-Carus und Wendt (2017, S. 74) schildern ein Beispiel, das den Unterschied von datengetrieben und konzeptgetrieben veranschaulicht: Stellen Sie sich ein Ruderboot vor, das in der Sommersonne von leichten Windwellen auf und ab bewegt wird. Obwohl sich das Boot bewegt, das Wahrnehmungsbild auf der Netzhaut sich also ständig ändert, nehmen wir das Boot selbst als unverändert (stabil) wahr. Wir wissen, dass sich das Boot nicht ändert, sondern nur von den Windwellen bewegt wird und gleichen damit die objektive Netzhautabbildung aus. Würde die Wahrnehmung ausschließlich datengetrieben (objektiv) funktionieren, könnten wir das sich verändernde Bild nicht sicher als konstantes Boot wahrnehmen.

Wir wissen, dieser Anteil ist konzeptgetrieben, dass Boote sich nicht durch Wind oder leichte Wellen verändern. Selbst wenn wir das Boot durch die Sonne geblendet kurz nicht erkennen können, gehen wir davon aus, dass es unverändert da ist. Nach Becker-Carus und Wendt (2017, S. 111) vermittelt uns die konzeptgetriebene Wahrnehmung ein konstantes Bild der Welt. Das Boot bleibt für uns in der Größe gleich, auch wenn wir näher zu ihm hingehen und das eigentliche Netzhautbild größer und größer wird. Stünden wir statt im Frühsommer an einem idyllischen See im Spätherbst an einem stürmischen Strand am Nordmeer und würden bei hohem Wellengang dasselbe Boot auf dem Meer beobachten, würde eine Veränderung der Wahrnehmung, wenn wir beispielsweise nur noch den aufragenden Bug sehen könnten, zu der Wahrnehmung führen, das Boot sinkt. Die Verarbeitung folgt bestimmten Regeln, letztlich ist das eine Informationsreduktion und dieser Prozess kann je nach Situation hilfreich sein oder zu Fehlern führen. Für Details zu Wahrnehmungen empfehlen wir das Buch von Becker-Carus und Wendt (2017), in dem die Balance zwischen wissenschaftlicher Präzision und Verständlichkeit sehr gut gelingt.

5.2 Kausalität, Korrelation und Koinzidenz

Zwei weitere Aspekte müssen im Auge behalten werden. Zum einen muss man in der Bewertung von Informationen zwischen Kausalität, Korrelation und Koinzidenz unterscheiden. Zum anderen sollte man Neben- und Fernwirkungen im Auge behalten – nicht ganz einfach, wenn man schon mit einer akuten Situation ausgelastet ist.

> **Definition**
> Von Kausalität spricht man, wenn zwischen zwei Ereignissen ein Ursache-Wirkungs-Zusammenhang besteht. Eine Korrelation ist ein Zusammenhang zwischen Ereignissen, ohne dass es sich um einen kausalen Zusammenhang handelt. Koinzidenz schließlich ist das zufällige Zusammentreffen von zwei oder mehr Ereignissen.

Soweit zu den Begriffen, Bitte lesen die folgenden drei Sätze (modifiziert nach Mayer-Schönberger und Cukier 2017, S. 84):

- Der Partyservice kommt bald.
- Pauls Eltern verspäten sich.
- Paul ist wütend.

Warum ist Paul wütend?
Die meisten Menschen antworten: Ist doch klar, Paul hatte die Eltern früher erwartet und ist jetzt wütend, weil die Eltern zu spät kommen. Noch schlimmer wird es, weil der Partyservice bald kommt und Pauls Eltern die Party verpassen. Kaum jemand kommt auf die Idee, dass Paul sich möglicherweise ärgert, weil der Partyservice bald kommt und er diese Party nicht mag.

Kausalität hineindeuten
Wir wissen nicht, warum Paul sich ärgert. Es wird eine Kausalität hineingedeutet, wo es keine gibt. Tatsächlich liefern die drei Sätze nicht genug Informationen für eine kausale Schlussfolgerung. Paul könnte beispielsweise auch deshalb wütend sein, weil seine Freundin sich von ihm getrennt hat. Aber wir schaffen es kaum, einzelne Informationen *nicht* zu einer plausibel klingenden Geschichte zu verknüpfen. Letztlich handelt es sich bei den drei Sätzen um Ereignisse, von denen wir nicht wissen, ob sie zusammenhängen. Wir müssen also bis zum Beweis des Gegenteils von einer Koinzidenz ausgehen. Damit müssen wir die Unsicherheit aushalten, ob überhaupt und falls ja, wie die verschiedenen Informationen zusammenhängen.

Scheinkausalität
Menschen neigen dazu, Kausalitäten zwischen Informationen anzunehmen, wo gar keine sind. Oft werden so Zusammenhänge im eigenen Kopf hergestellt, die es in der Welt gar nicht gibt. Beispielsweise haben verschiedene Zeugen bei den Ermittlungen zu den Morden an neun Kleingewerbetreibenden mit Migrationshintergrund in den Jahren 2000 bis 2006 (später dem Nationalsozialistischen Untergrund NSU zugeordnet) angegeben, dass es in enger zeitlicher Nähe zu den Taten zu konfliktbehafteten Kontakten der Opfer mit unbekannten Personen gekommen war. Tatsächlich gab es keine Zusammenhänge zwischen den von Zeugen berichteten konfliktbehafteten Kontakten und den Morden, es waren lediglich Koinzidenzen. Die Zeugen hatten das für sie erschütternde und unerklärliche Ereignis Mord irrtümlich mit einer davon unabhängigen Information, unbekannte Person hat konfliktbehafteten Kontakt mit dem späteren Opfer, kausal verknüpft. Damit haben die Zeugen eine für sie plausible Geschichte konstruiert und ihr Bedürfnis nach Kausalität gestillt (Horn 2014, S. 171–172). Die Ermittlungen gingen unter anderem lange Zeit in eine falsche Richtung, weil nach diesen unbekannten Personen gesucht wurde. Es wurde aufgrund der Tatsache, dass diese Kontakte in fast allen Mordfällen der Serie berichtet wurden von einer gezielten Opferauswahl ausgegangen und

somit die Spur organisierter Kriminalität verfolgt. Vorsicht! Keine Kausalität hineininterpretieren, wo keine ist. Die Folgen können fatal sein.

Korrelation kann ausreichen
Nicht immer muss man kausale Klarheit haben. Eine solche Klarheit ist in manchen Situationen einfach nicht erreichbar. Daher kann es genügen, einen Zusammenhang zu identifizieren, ohne den genauen Wirkmechanismus zu kennen (Korrelation). So berichten Mayer-Schönberger und Cukier (2017, S. 72), dass die amerikanische Einzelhandelskette Wal-Mart auf folgende Korrelationen gestoßen war: Bei Hurricanwarnungen stieg der Verkauf von Taschenlampen, das kann man nachvollziehen, und von Pop-Tarts (Gebäck), was schon schwerer zu verstehen ist. Wenn in den USA vor einem Hurrican gewarnt wurde, stellte Wal-Mart von da an ganz vorne in den Geschäften Paletten mit Pop-Tarts auf. Der Umsatz stieg. Wir wissen nicht, warum das so ist. Es gibt keine erkennbare Kausalität, sondern lediglich einen Zusammenhang (Korrelation) zwischen Hurricanwarnungen und dem Verkauf von Pop-Tarts.

Qualität von Zusammenhängen
Man sollte sich in Entscheidungssituationen bewusst mit der Frage beschäftigen, ob Informationen durch Kausalität, Korrelation oder nur scheinbar (Koinzidenz) verknüpft sind. Von der Qualität des Zusammenhangs zwischen Informationen hängt die Qualität der Entscheidungen ab. Man kann Entscheidungen nicht nur auf Kausalität gründen, sondern auch auf Korrelationen, sollte sich des Unterschieds aber bewusst sein. Koinzidenzen bieten keine Basis für Entscheidungen. Das Beispiel der NSU-Mordserie hat gezeigt, wie schwierig es unter Umständen sein kann, zu erkennen, dass es sich nur um eine Koinzidenz handelt. Es hört sich in der Theorie oft leichter an als es in der Praxis ist.

Praxistipp
Prüfen Sie bei scheinbaren Zusammenhängen zwischen Informationen, ob es sich um eine Kausalität, eine Korrelation oder doch nur um eine Koinzidenz handelt. Intuitiv unterstellen wir oft Kausalität. Halten Sie mental dagegen und prüfen Sie, ob ein Zusammenhang tatsächlich so kausal ist, wie er auf den ersten Blick wirkt.

Halo-Fehler
Von Korrelationen auszugehen, die es gar nicht gibt, ist ein häufiger Alltagsfehler.

> **Definition**
> Bei dem Halo-Fehler schließt man von einem einzigen Merkmal auf eine Person oder ein Objekt insgesamt.

Wenn ein Mensch dreckige Kleidung und kaputte Schuhe trägt, trauen die meisten ihm nicht viel zu und schließen auf Eigenschaften wie geringe Intelligenz oder mangelnde Zuverlässigkeit, über die man aufgrund der Kleidung und der Schuhe letztlich gar nichts weiß. Man sortiert zu schnell ein und prüft andere Informationen nicht gründlich genug oder gar nicht mehr.

Kritisch bleiben
Wenn man Wahrnehmungen kausal oder korrelativ verknüpft, legt man sich fest. Das machen wir Menschen sehr schnell und meist bevor alle wichtigen Informationen vorliegen. Leider gelingt es meist nicht, sich von solchen Festlegungen (Hypothesen) zu lösen. Und zwar selbst dann nicht, wenn klar widersprechende Fakten auftauchen. Eine Hypothese ist umso veränderungsresistenter, je häufiger sie in anderen Situationen bestätigt wurde, je weniger konkurrierende Hypothesen es gibt und je mehr man emotional an einer Hypothese hängt. Man spricht auch von einer extremen Reduktion auf eine einzige Hypothese – das kennen wir als Stereotyp (Lilli und Frey 1993, S. 58). Wer schon einmal versucht hat, einen Menschen mit einem Stereotyp zu einer anderen Sicht zu bewegen, weiß, wie schwer das ist. Wenn man viele verschiedene Hypothesen hat, ist man offen, Informationen danach zu bewerten, welche Hypothesen durch welche Informationen gestützt werden und welche nicht. Wenn man nur eine einzige Hypothese hat, würde man bei Ablehnung dieser Hypothese in Unsicherheit stürzen. Die Hypothese wäre widerlegt, aber was genau wäre die Alternative? Solange es keine Alternative gibt, bleibt man vorsichtshalber bei der einen Hypothese. Wenn man keine Fakten hat, orientiert man sich an anderen Menschen. Im Extremfall genügt die Bestätigung einer Hypothese durch andere (Lilli und Frey 1993, S. 62), selbst wenn es keine unterstützenden Fakten oder Wahrnehmungen gibt. Aus diesem Grund ist es hilfreich, wenn in einer Gruppe Menschen mit verschiedenen Erfahrungen und unterschiedlichen beruflichen Hintergründen arbeiten. Bei sehr homogenen Gruppen besteht das Risiko, dass die Gruppenmitglieder sich mit ihren ähnlichen Erfahrungen auch ohne Fakten oder Wahrnehmungen gegenseitig in ihren Hypothesen bestätigen. Das kritische Denken geht verloren und

man begeht gemeinsam und zufrieden schwere Fehler, ohne dies auch nur um Ansatz selbst zu merken. Man glaubt durch soziale Übereinstimmung Hypothesen geprüft zu haben, dabei hat man sich nur gegenseitig in seinen Stereotypen bestärkt.

Es gibt noch eine Vielzahl weitere Probleme, auf die wir hier nicht im Detail eingehen können. Letztlich geht es immer darum, dass eine Information nicht, nicht rechtzeitig oder nicht in ihrem tatsächlichen Wert für eine Entscheidung erkannt wird. Nur wenn man relevante und irrelevante Informationen unterscheidet, kann man bemerken, dass relevante Informationen noch fehlen. Nur wenn man sich nicht von den eigenen Werten, Einstellungen oder Emotionen verleiten lässt, hat man eine Chance Informationen in ihrer tatsächlichen Bedeutung zu erfassen.

5.3 Verzerrungen und (Wahrnehmungs)fehler

Wir nehmen Informationen auf und verarbeiten diese unmittelbar. Dabei spielen unser Vorwissen, unserer Einstellungen, unsere Motive, unsere Werte und unser emotionaler Zustand eine Rolle. Wir können Informationen nicht objektiv oder neutral aufnehmen. In aller Regel ist das ein Vorteil, weil wir so schneller sind. In manchen Entscheidungssituationen leiten uns Vorwissen, Einstellungen und Emotionen aber in eine falsche Richtung. Man spricht dann von Verzerrungen, umgangssprachlich auch von (Wahrnehmungs)fehlern, wobei bei fehlerhaften Entscheidungen eher die Informationsverarbeitung fehlerhaft ist als die Wahrnehmung.

Ankerheuristik

> **Definition**
>
> Unter Ankerheuristik versteht man, dass Menschen neue Informationen auf Grundlage ihres Vorwissens interpretieren (Fischer et al. 2018, S. 38).

Und das leider auch dann, wenn das Vorwissen lücken- oder fehlerhaft ist. Wer also ohne Alternativhypothesen arbeitet, verzerrt neue Informationen in Richtung der eigenen (einzigen) Hypothese. Wenn Ermittler davon ausgehen, dass eine Tat von der organisierten Kriminalität begangen wurde, interpretieren sie unabsichtlich eingehende neue Informationen vor dem Hintergrund der Hypothese *Organisierte Kriminalität*. Wenn Ermittler mehrere Hypothesen haben, beispielsweise *Organisierte Kriminalität* oder *Rechtsterrorismus* können sie eingehende Informationen verzerrungsärmer aufnehmen.

Verfügbarkeitsheuristik

> **Definition**
> Nach der Verfügbarkeitsheuristik hält man ein Ereignis für umso wahrscheinlicher, je leichter Informationen zu diesem Ereignis aus dem Gedächtnis abrufbar sind (Fischer et al. 2018, S. 40).

Pro Jahr sterben rund 10mal so viele Menschen an herabfallenden Kokosnüssen wie an Haiangriffen (150 zu 15). Dennoch fürchten sich Menschen mehr vor Haien als vor an Palmen hängenden Kokosnüssen, unter denen sie arbeiten oder ihr Badehandtuch ausbreiten. Man erinnert sich einfach eher an einen tödlichen Haiangriff als an todbringende Kokosnüsse. Sofern die tatsächliche Häufigkeit eines Ereignisses nicht mit der wahrgenommenen Leichtigkeit des Abrufs entsprechender Informationen im Gedächtnis übereinstimmt, macht man Fehler.

Repräsentativitätsheuristik

> **Definition**
> Unter Repräsentativitätsheuristik versteht man, dass die wahrgenommene Ähnlichkeit von Merkmalen die Zuordnung eines wahrgenommenen Objektes oder einer wahrgenommenen Person beeinflusst (Fischer et al. 2018, S. 43).

Leider führt die Repräsentationsheuristik zu einer Vernachlässigung von Basisraten. So vermuten die meisten bei einem jungen Mann im Anzug, den sie an einer Hochschule sehen, dass es sich um einen Juristen oder Betriebswirt handelt und zwar selbst dann, wenn der gerade aus dem Gebäude der Fakultät für Informatik kommt. Wenn ein junger Mann mit Anzug aus dem Gebäude der Fakultät für Informatik tritt, handelt es sich mit großer Wahrscheinlichkeit um einen Informatiker (Basisrate), selbst wenn er einen Anzug trägt. Vielleicht ist er gerade auf dem Weg zu einem Vorstellungsgespräch bei einer Bank. Die Vernachlässigung von Basisraten ist, unserer Erfahrung nach, ein besonders häufiger Fehler.

Pseudodiagnostizität

> **Definition**
> Pseudodiagnostizität bedeutet (Fischer et al. 2018, S. 45–46): Menschen übersehen oft, dass Belege für eine konkrete Hypothese auch dann auftreten können, wenn die Hypothese nicht korrekt ist.

Man sollte immer Alternativen mit in den Blick nehmen. Wenn ein Mordopfer kurz vor der Tat einen Fremden in einer Bar kennengelernt hat, kann das der Täter sein, muss es aber nicht. Menschen gehen in eine Bar, um andere Menschen zu treffen oder kennenzulernen. Klar, wenn man weiß, das Mordopfer hat kurz vor dem Tod jemanden kennengelernt, so sollte man diesen Menschen unter die Lupe nehmen. Allerdings darf man andere Alternativen nicht übersehen: Den Nachbarn, den eifersüchtigen Freund und so weiter. Dass das Mordopfer jemanden in einer Bar kennengelernt hat, ist kein Beweis dafür, dass diese Person der Täter ist.

Verwässerungseffekt

> **Definition**
> Wenn irrelevante Informationen Entscheidungen beeinflussen, spricht man von Verwässerungseffekt (Fischer et al. 2018, S. 46).

Viele Informationen sind nicht immer hilfreich. Je höher der Anteil irrelevanter Informationen ist, desto eher lässt man sich in die Irre führen. Wie Fischer et al. (2018, S. 47) zurecht schreiben, führt beispielsweise die gestiegene E-Mail-Zahl bei Entscheidern dazu, dass sie auch wegen der Vielzahl irrelevanter Informationen Fehlentscheidungen treffen. Zudem übersieht man in einer Flut irrelevanter Informationen leicht, dass wichtige Informationen fehlen. Man hat zwar viele Informationen, aber möglicherweise nicht die richtigen.

Selbstwertdienliche Verzerrung

Menschen wollen ihren Selbstwert schützen und machen oft andere oder Pech für Misserfolge verantwortlich (Fischer et al. 2018, S. 50). Damit wird die Chance verpasst, aus eigenen Fehlern zu lernen und besser zu werden. Menschen mit niedrigem Selbstwert sind besonders gefährdet. Je fragiler der

Selbstwert ist, desto höher ist der Preis, den man zu zahlen bereit ist, um nicht verantwortlich oder schuldig zu sein. Der Preis ist die verpasste Lernchance.

5.4 Informationen systematisch bewerten

Bei vielen Entscheidungen wird an eine systematische Bewertung der Informationsqualität gar nicht erst gedacht. Man sollte sich darüber im Klaren sein, welchen Anteil Fakten an einer Entscheidung haben und zu welchem Anteil sich eine Entscheidung lediglich auf Wahrnehmungen oder Hypothesen stützt. Dies hat Auswirkungen für das Handeln, da beispielsweise die Notwendigkeit einer Alternativhypothese ein gutes Stück bedeutsamer wird, wenn eine Entscheidung nur zu einem kleinen Teil auf Fakten und zu einem großen Teil auf Wahrnehmungen oder Hypothesen basiert. In dem Buch „Die Logik der Tat" (Horn 2014) wurde am Beispiel der NSU-Mordserie die Problematik von Entscheidungen geschildert, die auf Wahrnehmungen und Hypothesen beruhen.

Widersprüche erkennen

> **Beispiel**
> Bei der NSU-Mordserie wurde in allen neun Mordfällen an Männern mit Migrationshintergrund dieselbe Schusswaffe eingesetzt, eine Ceska 83, Kaliber 7.65. Durch Gutachten von Schusswaffensachverständigen konnte eindeutig belegt werden, dass es nicht nur eine typähnliche, sondern sich um ein- und dieselbe Waffe handelte. Diese Information ist ein Fakt.

Dieser Fakt war mit der zum damaligen Zeitpunkt präferierten Ermittlungshypothese *Organisierte Kriminalität* nicht vereinbar. Das Wesen der organisierten Kriminalität ist es, illegale Geschäfte außerhalb der Wahrnehmung der Polizei zu betreiben und möglichst wenig Ansätze für Ermittlungen zu bieten. Durch die Beibehaltung derselben Schusswaffe an verschiedenen Orten und bei verschiedenen Opfern wurde überhaupt erst der Zusammenhang zwischen den verschiedenen Mordfällen hergestellt, was umfangreiche Ermittlungen nach sich zog. Ein solcher Zusammenhang hätte aus Sicht der organisierten Kriminalität hochgradig gegen deren Interessen verstoßen. So betrachtet stellte sich daher die Frage, wie der Fakt der Beibehaltung der Waffe mit der Ermittlungshypothese *Organisierte Kriminalität* vereinbar war. Nun, im Grunde genommen liegt ein Widerspruch vor. Die Beibehaltung der Waffe ist nur erklärbar, wenn dieser Umstand eine Art Botschaft sein sollte, oder wenn keine anderen Waffen verfügbar waren. Sollte es sich um eine Botschaft handeln, dann nicht um eine der organisierten Kriminalität, sondern im ideologischen Sinne. Unter anderem war es dieser Umstand, der in einer Fallanalyse im Jahr 2006 zu der Hypothese eines missionsgeleiteten Täters führte. Einem Täter, der aus fremdenfeindlicher Motivation Opfer nach bestimmten Charakteristiken auswählte: Männlich, türkisches Erscheinungsbild in einem Kleingewerbebetrieb. Bei einer solchen Motivlage wäre das Beibehalten der Waffe aus fallanalytischer Sicht erklärbar.

Drei Qualitätsstufen: Fakten, Wahrnehmungen, Hypothesen
Zurück zur Bewertung von Informationen: Man sollte es auf der anderen Seite aber auch nicht übertreiben, da die Differenzierung zwischen verschiedenen Qualitätsstufen von Informationen Denkleistung verbraucht. In der Regel genügt eine Differenzierung von Informationen nach den drei Qualitätsstufen Fakten, Wahrnehmungen und Hypothesen.

Fakten stellen im Idealfall das Fundament von Entscheidung dar, weil sie gesichert sind und nur wenig Interpretationsspielraum bieten. Leider gibt es nur wenige Entscheidungen, bei der Wahrnehmungen keinerlei Rolle spielen. Das Problem von Wahrnehmungen ist, dass sie anfällig für Störungen und Verzerrungen sind und daher nur bedingt verlässlich sind. Entscheidungen, die ausschließlich auf Wahrnehmungen und Hypothesen beruhen, sollten als vorläufig eingestuft werden. Oft ist es im Alltag nicht möglich, eine Entscheidung so lange zu verschieben, bis man Wahrnehmungen und Hypothesen durch Fakten ersetzen kann. Man muss mit fehleranfälligen Wahrnehmungen leben und Wissenslücken durch Hypothesen schließen. Allerdings sollte man im Auge behalten, dass eine Entscheidung, die überwiegend auf Wahrnehmungen oder Hypothesen beruht, eine unsichere Entscheidung ist. Folgerichtig sollte man Entscheidungen, die auf Hypothesen beruhen, regelmäßig überprüfen und beim Auftreten neuer Fakten oder neuer Wahrnehmungen erneut bewerten. Man kann sich also nach einer Entscheidung nicht erleichtert in den Sessel fallen lassen, sondern muss wachsam bleiben. Je unsicherer das Fundament einer Entscheidung ist, desto wichtiger ist eine kritische Haltung zu der eigenen Entscheidung. Damit ist nicht gemeint, dass man eine unsichere Entscheidung ständig infrage stellen oder sich permanent umentscheiden soll. Solange keine neuen Fakten hinzukommen, bleibt man bei der einmal getroffenen Entscheidung. Die aus einer solchen Entscheidung resultierende Spannung und Unsicherheit muss man aushalten, ansonsten oszilliert man zwischen verschiedenen Optionen. Das ist der schlechteste Weg. Für eine Umentscheidung sollte es einen sachlichen Grund geben, wie eine neue Information oder eine Neubewertung alter Informationen.

5.5 Erst verstehen, dann bewerten

Um Informationen solide bewerten zu können, muss man eine Situation erst einmal verstanden haben. Lesen Sie hierzu Kap. 2 *Situation – was Entscheiden schwer* macht zur Beschreibung und Kap. 6 *Rekonstruktion – man muss eine Situation verstehen* für einen Lösungsansatz. An der Bewertung von Informationen führt kein Weg vorbei. Die Bewertungen von Informationen sind übrigens auch schon Entscheidungen.

Kriterien der Informationsbewertung

- Ist eine Information verlässlich oder nicht? Hier greift die Unterscheidung von Fakten und Wahrnehmungen.
- Ist eine Information relevant für die Entscheidung oder nicht? Man sollte keine Zeit mit der Suche nach interessanten irrelevanten Informationen vertrödeln, sondern sich auf die relevanten Informationen konzentrieren. Das ist anstrengend genug.
- Welche Informationslücken gibt es? Kann ich diese schließen oder muss mit ihnen leben? Dazu muss man eine Informationslücke erst einmal erkennen. Wenn man eine Informationslücke nicht schließen kann, bleibt einem nur die Arbeit mit Hypothesen.

Die Gretchenfrage
In unserer Beratungspraxis haben wir immer wieder festgestellt, dass Menschen Probleme haben, zwischen wichtigen und unwichtigen Informationen zu unterscheiden. Gerade bei einer hohen Informationsdichte, wenn in einem engen Zeitfenster viele Informationen auf einen Entscheider einprasseln, muss er eine Weiche im Kopf zur Trennung von relevanten und nicht relevanten Informationen aufmachen. Wird das versäumt, steigt das Risiko dem Informationsmüll zu erliegen. Man kann dann keine belastbare Entscheidung herausarbeiten. Wir haben auch immer wieder beobachtet, dass sich Entscheider mit Akribie um Details kümmerten, aber nicht, weil diese Detailinformationen nützlich gewesen

wären, sondern weil sie gerade verfügbar waren. Wenn beispielsweise wichtige Information schwerer zu beschaffen oder wichtige Informationen nur schwer zu ordnen sind, gibt man der Versuchung nach, überhaupt etwas zu tun und sich so nützlich zu fühlen (siehe Kap. 3 *Emotionen – schlechter als ihr Ruf*), indem man alle Details einer leicht verfügbaren irrelevanten Information herausarbeitet. Man hat dann zwar nichts erreicht, aber wenigstens das Gefühl etwas getan zu haben. Und man erhält sich die Illusion, die Situation zu kontrollieren. Das hilft aber nur auf der Wohlfühlebene. In der realen Welt verpasst man es auf diese Weise, wichtige Informationen zu beschaffen, die Spreu vom Weizen zu trennen und sich einer faktenbasierten Entscheidung zu nähern. Entscheidungsverantwortliche haben an dieser Stelle eine besondere Verantwortung, da sie die Richtung vorgeben und gewährleisten sollten, dass die notwendigen Informationen vorliegen oder beschafft werden.

Training hilft
Wir haben aber auch gute Nachrichten. Mit zunehmender reflektierter Erfahrung kann man schneller und sicherer, wichtige von unwichtigen Informationen unterscheiden und somit den Entscheidungsprozess beschleunigen und die Dauer bis zur Entscheidung verkürzen. In der Aus- und Fortbildung hat es sich bewährt, komplexe Situationen zu analysieren, die Informationen nach den Kategorien Fakten, Wahrnehmungen und Hypothesen einzuteilen und das Erkennen wichtiger Informationen zu üben. Durch solche Trainings lernt man komplexe Situationen schneller zu erfassen und der Blick auf die wesentlichen Aspekte wird fokussiert. Noch schneller lernt man, wenn man sich in einer echten Entscheidungssituation beraten lässt. Das setzt viel Vertrauen auf beiden Seiten voraus, wird aber belohnt, weil man direkt in der Praxis an seinen eigenen Situationen lernen kann und genau diejenigen Hilfen erhält, die einen ganz konkret weiterbringen.

Richtig fragen
Was wir deutlich häufiger gesehen haben als wir erwartet hatten, und was ganz nebenbei die schlechte Informationsqualität von Vermutungen illustriert, war Folgendes: Die richtigen Fragen, die weitergeholfen hätten, wurden oft nicht oder erst sehr spät gestellt. Das lag teilweise daran, dass die Entscheider mit einer für sie neuartigen Situation, wie beispielsweise einem Verdacht auf Wirtschaftsspionage oder einer Produkterpressung konfrontiert waren, deren Muster, Dynamik und sonstigen Besonderheiten sie nicht kannten. Oft stehen die Entscheider halb ungläubig und halb

staunend vor einer für sie völlig neuen Situation und müssen im wahrsten Sinne des Wortes erst einmal in die Situation hineinkommen statt sie nur zu bestaunen oder sich vor ihr zu fürchten.

> **Beispiel**
> Nehmen wir uns ein Beispiel etwas genauer vor. Wir wissen, dass schweren sexuellen Gewaltdelikten häufig niederschwellige Delikte vorangehen, etwa das Einsteigen in eine Wohnung und der fetischistisch motivierte Diebstahl von Unterwäsche oder das scheinbar motivlose Verfolgen einer Frau mit einer blitzartigen Gewaltanwendung ohne sexuelle Handlungen. Dies sind teilweise Vorstufen zu späteren Sexual- und Tötungsdelikten. Wir kennen dieses Phänomen und stellen daher bei einer entsprechenden Beratung sehr schnell die Frage nach Vorkommnissen dieser Art in der fraglichen Gegend. Auf solche Nachfragen kommt man nicht ohne Hintergrundwissen.

Vermutlich würde man ohne Hintergrundwissen sogar insgeheim denken, dass diese Fragen eine Zeitverschwendung sind. Sofern man kann, sollte man also in einer kritischen Entscheidungssituationen Experten hinzuziehen. Man spart sich manche Umwege und Rückschläge. Nicht jeden Fehler muss man selbst machen.

5.6 Komplexität reduzieren

Das Bewerten von Informationen ist ein wichtiger Schritt bei der Reduktion von Komplexität. Fakten werden in Rekonstruktionen höher bewertet als Wahrnehmungen und Hypothesen. Damit fällt es leichter, den Fokus auf den entscheidenden Fakten zu behalten und die knappen kognitiven Ressourcen auf besonders qualitätshaltige Informationen zu richten. Fokussierung ist in komplexen Situationen nur möglich, wenn Komplexität angemessen reduziert wird. Eine hilfreiche Komplexitätsreduktion ist die Mustererkennung.

Musterkennung
Muster ermöglichen das sinnhafte Ordnen von Informationen, die ansonsten isoliert nebeneinander stehen blieben. Wer die Zahlenfolge 19.141.918 als Anfang und Ende des ersten Weltkriegs erkennt (1914–1918), braucht sich nur *erster Weltkrieg* merken und nicht acht einzelne Ziffern. Das gilt auch bei komplexeren Situationen als bei diesem einfachen Zahlenbeispiel.

Operation Anmeldung
Mitte der 70er Jahre des 20. Jahrhunderts gelang der westdeutschen Spionageabwehr, dem Bundesamt für Verfassungsschutz, ein großer Coup. Die Operation *Anmeldung* führte zu mehreren Anklagen wegen Landesverrats vor dem 5. Strafsenat des Oberlandesgerichts Düsseldorf (Wagner 2000, S. 15).

Beispiel

Einem Beamten des Bundesamtes für Verfassungsschutzes (BfV) war bei der Enttarnung von Agenten des Ministeriums für Staatssicherheit (MfS) der Deutschen Demokratischen Republik (DDR) ein Muster aufgefallen. Hier die Angaben aus dem Wikipediaeintrag (Sichtwort: Operation Anmeldung): Das BfV hatte in Zusammenarbeit mit dem Bundesnachrichtendienst (BND), dem deutschen Auslandsnachrichtendienst festgestellt, dass das MfS beim Einschleusen von Agenten in die Bundesrepublik Deutschland einem Modus Operandi folgte. Alle diese Agenten wurden unter falscher Identität eingeschleust. Vollständig erfundene Identitäten wären ein Risiko gewesen, da sie einer Nachprüfung nicht Stand gehalten hätte. Daher verwendete das MfS falsche Identitäten, die auf echten Identitäten aufbauten. Es waren immer Menschen, die zu einem früheren Zeitpunkt aus Deutschland ausgewandert waren. In diese Identitäten schlüpfte dann der Agent des MfS und kehrte scheinbar wieder in die Bundesrepublik Deutschland zurück. Tatsächlich kehrte nicht die echte Person zurück, sondern ein Agent des MfS.

Nachdem das BfV diesen Modus Operandi beim Einschleusen erkannt hatte, konnte gezielt nach Personen gesucht werden, bei denen dieses Muster vorlag. Was folgte war Fleißarbeit: Die Abfrage bei sämtlichen bundesdeutschen kommunalen Melderegistern. Natürlich waren darunter auch echte Rückkehrer, die ausgefiltert werden mussten. Aber die Suchmenge konnte erheblich eingeschränkt werden. Rund 100 Personen konnten identifiziert und an die zuständigen Strafverfolgungsbehörden gemeldet werden. Ohne dass das Einschleusungsmuster erkannt worden war, wären diese Agenten unentdeckt geblieben.

Komplexitätsreduktion hilft emotional
Die Reduktion von Komplexität hat nicht nur kognitiv positive Folgen, sondern entlastet auch emotional. Deshalb wird in der Regel die Komplexität auf die eine oder andere Weise reduziert, was die subjektive Sicherheit erhöht und zugleich ein Fehlerrisiko darstellt (Döring-Seipel und Lantermann 2015, S. 7). Wer sich aus lauter Unsicherheit nicht traut Komplexität zu reduzieren, wer also alle Bälle in der Luft hält, wird scheitern. Eine zu hohe Komplexität gefährdet die Funktionsfähigkeit, da diese mit der Kontrollierbarkeit und

der Vorhersagbarkeit von Situationen verknüpft ist. Tatsächlicher und selbst ein nur befürchteter Kontrollverlust führen zu einem starken Stresserleben mit dem Eindruck von Bedrohung und Hilflosigkeit sowie und dem Bedürfnis, das so schnell wie möglich zu verändern (Döring-Seipel und Lantermann 2015, S. 11). Insofern dient Komplexitätsreduktion auch der Sicherstellung von Entscheidungs- und Handlungsfähigkeit.

Komplexität klug reduzieren
So unverzichtbar eine Komplexitätsreduktion ist, kann man hierbei auch gravierende Fehler machen (Döring-Seipel und Lantermann 2015, S. 11–12), wenn beispielsweise zentrale Merkmale komplexer Situationen nicht, unvollständig oder fehlerhaft erfasst werden. Döring-Seipel und Lantermann (2015, S. 12) sprechen von unangemessener Komplexitätsreduktion und erläutern häufige Fehler wie die Zentralreduktion, die Unterstellung einer einzigen entscheidenden Ursache, obwohl es mehrere Ursachen gibt. Oder die Zielverabsolutierung, eine einseitige Beachtung und Optimierung eines einzigen Ziels unter Vernachlässigung anderer wichtiger Ziele. Eine Variante ist die Verfolgung eines kurzfristigen Zieles zu Lasten mittel- und langfristiger Ziele, wie beispielsweise beim Brexit durch David Cameron. Döring-Seipel und Lantermann (2015) nennen ferner das Reparaturdienstprinzip, bei dem lediglich akut wahrgenommene Komplikationen angegangen werden und zugleich eine langfristige Zielorientierung fehlt, wie beispielsweise beim Thema Rente nach dem Umlageprinzip in einer alternden Gesellschaft. Häufig führt das zu isolierten Einzelmaßnahmen, die weitere Reparaturen nötig machen.

> **Beispiel**
>
> Stellen Sie sich ein konzernumspannendes Projekt vor, das nicht vorankommt. Tatsächlich liegt es daran, dass die relevanten Personen kein Interesse an einer Kooperation haben und das Projekt innerlich ablehnen. In dieser Situation hat der zuständige Vorstand die Nase voll und tauscht den Projektleiter aus, weil es nicht vorangeht und er etwas tun möchte. Der Vorstand hat sich kurzfristig Erleichterung verschafft und so getan als würde er führen. Statt sich um die eigentlichen Ursachen zu kümmern und die fehlende Kooperationsbereitschaft und den inneren Widerstand wichtiger Projektbeteiligter anzusprechen, wird eine einfach umzusetzende kurzfristige Maßnahme durchgesetzt. Wie wird es weitergehen? Die relevanten Personen habe noch immer kein Interesse an einer Kooperation und lehnen das Projekt noch immer innerlich ab. Das Projekt wird auch unter der neuen Projektleitung kein Erfolg werden. Aber keine Sorge, dem Vorstand wird schon eine weitere kurzfristige Maßnahme einfallen, mit der er Führung und Aktivität simulieren kann. Das Problem selbst wird er allerdings auf diesem Weg nicht lösen.

Einkapselung
Auf emotionale Einflüsse geht die Einkapselung zurück. Dabei wird nicht getan, was wichtig wäre, sondern man zieht sich auf einen unwichtigen, aber kontrollierbaren Teilbereich zurück. Man befasst sich nicht mehr mit dem eigentlichen Problem, sondern konzentriert sich auf einen kleinen Teilbereich, in dem man sich sicher fühlt. Um sich gut zu fühlen, tut man, was positive Emotionen verschafft oder mindestens negative Emotionen mildert.

Vagabundieren
Döring-Seipel und Lantermann (2015) nennen als einen weiteren Fehler das thematische Vagabundieren, ein unsystematisches Springen zwischen Teilproblemen, ohne die grundlegenden Probleme konsequent anzugehen. Oberflächlichkeit und Aktionismus kennzeichnen das Handeln bei thematischem Vagabundieren.

Ballistisches Verhalten
Schließlich gibt es noch ballistisches Verhalten. Das ist ein Entscheiden und Handeln ohne Prüfung, ob die gewünschten Folgen eintreten. Man verschafft sich dadurch das Gefühl, etwas getan zu haben. Um das Gefühl zu bewahren, blendet man möglicherweise unerwünschte Folgen aus. Wenn getroffene Entscheidungen nicht die gewünschten Folgen haben, können daraus Selbstzweifel resultieren. Eine abgeschossene Kanonenkugel fliegt auf ihrer Bahn, man kann sie nicht mehr beeinflussen (Dörner 1989, S. 267). Daraus resultiert die Bezeichnung ballistisches Verhalten.

Viel hilft nicht viel
Man kann Informationen auch aus reinem Selbstzweck sammeln. Es werden Daten angehäuft, ohne klares Ziel, häufig verbunden mit Entscheidungsaufschub. Mit einer immer weiter ausgreifenden Informationssammlung versucht man eine möglichst vollständige und eindeutige Situationsbeschreibung zu erhalten, oft in der (irrigen) Hoffnung, dann eine sichere Entscheidung treffen zu können. In komplexen Situationen kann das jedoch nicht gelingen. Vielmehr verbraucht man Zeit und Denkleistung, die man an anderer Stelle zielführender verwenden könnte.

Kontrollillusion
Alle genannten Fehler dienen letzten Endes dem Zweck, eine Kontrollillusion aufrecht zu erhalten. Das ist eigentlich sinnvoll, weil man nicht entscheidungsfähig ist, wenn man sich massiv überfordert fühlt und unter vollständigem Kontrollverlust leidet. Auf der anderen Seite wären weniger

fehleranfällige Methoden zur Komplexitätsreduktion wie die Unterscheidung von Fakten, Wahrnehmungen und Hypothesen den oben beschriebenen vorzuziehen. Die aufgezählten Fehler führen dazu, dass man gleichzeitig mit dem Gefühl von Kontrollierbarkeit, die Wahrscheinlichkeit von Fehlern erhöht. Man fühlt sich prima, während man Mist baut. Besser ist es, die in komplexen Situationen unvermeidliche Komplexitätsreduktion so vorzunehmen, dass man möglichst wenig Fehler begeht. Zentrales Ziel sind gute Entscheidungen, nicht immer fühlt man sich dabei emotional wohl. Das sollte man daher gar nicht erst erwarten.

Praxistipps
Was kann helfen, Komplexität sinnvoll zu reduzieren? Wenn man komplexe Situationen erfolgreich bewältigen will, sollte man folgende Dinge (Döring-Seipel und Lantermann 2015, S. 17) tun: Sich einen Überblick verschaffen, in Zusammenhängen denken, Prognosen erstellen, zwischen Planen und Handeln wechseln, Schwerpunkte bilden und rechtzeitig Korrekturen einleiten sowie eine Effekt- und Ergebniskontrolle vornehmen. Döring-Seipel und Lantermann (2015, S. 22) empfehlen für eine sinnvolle Reduktion von komplexen Situationen:

- Emotionale Kompetenz: Konstruktiver Umgang mit Gefühlen in unsicheren und komplexen Situationen. Das Gegenteil wäre es, sich von Gefühlen überwältigen zu lassen, gelähmt oder zumindest stark beeinträchtigt zu werden. Im Extremfall verbraucht man Energie nur zum Umgang mit oder zum Aushalten von Emotionen. Die Energie fehlt dann selbstverständlich an andere Stelle, beispielsweise bei der Problemanalyse. Siehe Kap. 3 *Emotionen – schlechter als ihr Ruf*.
- Strategische Flexibilität: Das ist die Fähigkeit, sich an veränderte Bedingungen anzupassen. Flexible Personen werden weniger als andere durch Unsicherheit beeinträchtigt. Siehe Kap. 4 *Denken – ist anstrengend, hilft aber*.
- Handlungsorientierung: Handlungsorientierte Menschen können Entscheidungen zeitnah in zielgerichtete Aktivitäten umsetzen. Wer eigentlich weiß, was zu tun ist, aber aus Unsicherheit oder anderen Gründen zaudert, verpasst ein günstiges Zeitfenster.
- Unsicherheitstoleranz: Damit ist ein lösungsorientierter Umgang mit unsicheren und wenig planbaren Situationen gemeint. Manche Menschen können sich besser als andere auf Veränderungen einstellen und fühlen sich durch Unsicherheit weniger belastet.

- Veränderungsbereitschaft: Damit ist die Fähigkeit gemeint, Gelegenheiten und Situationen für eine Erweiterung des eigenen Handlungsspielraumes zielgerichtet nützen zu können. Solche Menschen nutzen in Veränderungen liegende Chancen und verharren nicht in einem Abwehrverhalten gegen Neues.

Ein erheblicher Anteil von Positivfaktoren hängt von der Person des Entscheiders ab. So unterscheiden sich Menschen beispielsweise in ihrer Unsicherheitstoleranz und in ihrer Veränderungsbereitschaft. An diese Stelle würde eine Vertiefung zu weit führen. Unterschiede in der Person der Entscheider sind ein Thema für ein Folgebuch.

Selbstkompetenz
Man sollte flexibel bleiben, beispielsweise vom Blick auf das Gesamtproblem zu relevanten Teilproblemen wechseln und umgekehrt. Es bedeutet auch, Ziele konsequent zu verfolgen, ohne in Halsstarrigkeit zu verfallen. Neben anderen Dingen ist vor allem Selbstkompetenz erforderlich, um mit Komplexität klug umgehen zu können. Dazu zählt man beispielsweise Maßnahmen zur gezielten Aufmerksamkeitssteuerung, zum Aufrechterhalten von Motivation in mühseligen Phasen, zum Schutz der Selbstwirksamkeitserwartung, zur angemessenen Regulierung von Emotionen sowie zum Erhalt von Flexibilität (Döring-Seipel und Lantermann 2015, S. 20). Das bedeutet nicht, sich bei Entscheidungen von den Emotionen leiten zu lassen oder überhastet aus dem Bauch heraus zu entscheiden. In komplexen Situationen führt das regelmäßig zu Fehlern. Man geht dann angemessenen mit Emotionen um, wenn man Emotionen als eine Informationsquelle bei Entscheidungs- und Problemlöseprozessen beachtet und situativ angemessen reguliert. Damit erhält man sich Flexibilität, weil man nicht der Tendenz nachgibt, einer starken Emotion sein Entscheiden und sein Problemlösen zu unterwerfen (Döring-Seipel und Lantermann 2015, S. 20).

Leistungsfähigkeit erhalten
Das entscheidende Ziel von Komplexitätsreduktion ist, die kognitive Leistungsfähigkeit und damit die Fähigkeit zu situativ angemessenem Entscheiden unter widrigen Umständen zu erhalten. Das ist gerade nicht das Einüben von Routinen für Notfälle. Solche Routinen sind sinnvoll bei grundsätzlich vorhersehbaren und klar definierbaren Notfällen. In neuartigen Extremsituationen benötigt man analytisches Denkvermögen. Man muss vor allem die eigene kognitive Leistungsfähigkeit erhalten oder wiederherstellen. Nur so kann man kontrolliert denken, wodurch man die

Wahrscheinlichkeit für gute Entscheidungen erhöht. Dabei teilt man die vorliegenden Informationen in Fakten, Wahrnehmungen und Hypothesen ein. So kann man sich auf Informationen hoher Qualität konzentrieren und wird nicht durch Informationsmüll abgelenkt. Wir sind große Freunde davon, für absehbare komplexe Situationen vorzusorgen und Routinen vorzubereiten, aber in dem klaren Wissen, dass nicht alle Situationen abgedeckt werden können, man also immer auch noch freie kognitive Kapazitäten zum kontrollierten Denken brauchen wird.

> **Wichtig**
> Man sollte also das eine tun, sich Pläne und Heuristiken für Standardnotfälle erarbeiten, ohne das andere zu lassen, sich in jeder neuen komplexen Situation bewusst zu fragen, ob die vorhandenen Heuristiken brauchbar sind oder nicht.

Der perfekte Zeitpunkt
Bislang ausgespart haben wir die Frage nach dem besten Zeitpunkt für Entscheidungen. Manche Menschen horten Informationen, bewerten diese und fühlen sich nie sicher genug, eine eigentlich längst überfällige Entscheidung zu treffen. Solche Menschen haben große Angst einen Fehler zu machen. Hierzu ein Beispiel aus unseren Interviews: „… [die Schwierigkeit lag] nicht darin, Optionen zu finden, sondern Optionen abzuwägen. Aus meiner Sicht waren alle möglichen Optionen vorgelegt worden. Das Abwägen der Optionen war wirklich auch ein Kampf und ein Krampf. Der Kommunikationsberater hat nicht die Optionen der Complianceabteilung verwendet, sondern in weiten Teilen modifiziert. Es waren aber keine Ideen dabei, sondern hat die Handlungsoptionen letztlich noch einmal entwickelt." Hier hat das Team insgesamt Zeit verloren, weil es der Gesprächsführung des Kommunikationsberaters gefolgt ist, der aber weniger beraten als dominiert hat – zunächst musste er genau verstehen, was passiert und danach konnte es weitergehen. Andere Teammitglieder waren schon lange soweit. Hier zeigt sich, die Negativwirkung von Personen, die sich nicht auf die Grenzen ihrer Expertise besinnen, sondern ihr Rolle überdehnen.

Man kann die Zeit nicht anhalten
Dummerweise stoppen Nichtentscheidungen eine dynamische Situation nicht. Gerade in dynamischen Situationen kann sich durch Abwarten die Ausgangslage für Entscheidungen drastisch verschlechtern. Schön wäre es eine Richtschnur zu haben, ab wann man so viele Informationen zusammengetragen hat, dass man entscheiden kann und muss.

5.7 Zusammenfassung

Unserer Erfahrung nach kann und sollte man entscheiden, wenn man die fragliche Situation im Kern verstanden hat. Dazu mehr in Kap. 6 *Rekonstruktion – man muss eine Situation verstehen*.

Literatur

Becker-Carus, C., & Wendt, M. (2017). *Allgemeine Psychologie* (2. Aufl.). Berlin: Springer.

Döring-Seipel, E., & Lantermann, E.-D. (2015). *Komplexitätsmanagement. Psychologische Erkenntnisse zu einer zentralen Führungsaufgabe*. Wiesbaden: Springer Gabler.

Dörner, D. (1989). *Die Logik des Misslingens*. Reinbek bei Hamburg: Rowohlt.

Fischer, P., Jander, K., & Krueger, J. (2018). *Sozialpsychologie für Bachelor* (2. Aufl.). Berlin: Springer.

Horn, A. (2014). *Die Logik der Tat*. München: Droemer.

Lilli, W. & Frey, D. (1993). Die Hypothesentheorie der sozialen Wahrnehmung. In: D. Frey & M. Irle (Hrsg.), *Theorien der Sozialpsychologie. Band I: Kognitive Theorien* (2. Auflage). Bern: Huber.

Mayer-Schönberger, V., & Cukier, K. (2017). *Big Data. Die Revolution, die unser Leben verändern wird* (3. Aufl.). München: Redline.

Wagner, K. (2000). *Spionageprozesse*. Beiträge zur Inneren Sicherheit (Band 11). Brühl/Rheinland: Fachhochschule des Bundes.

6

Rekonstruktion – man muss eine Situation verstehen

> In diesem Kapitel wird erläutert, warum eine verstehende Rekonstruktion eine Voraussetzung für gute Entscheidungen ist. Eine Chronologie der Ereignisse ermöglicht es zu verstehen, wie es zu einer Situation gekommen ist. Erst durch eine Rekonstruktion kann man eine Situation umfassend verstehen. Dies ist für die Erfassung des Kernproblems in vielen komplexen Situationen unverzichtbar. Und nur wer das Kernproblem erfasst hat und nicht an der Oberfläche einer Situation hängen bleibt, kann klug entscheiden.

Unverzichtbar

Einer der häufigsten Fehler bei Entscheidungen ist die Vernachlässigung der angemessenen Rekonstruktion des Geschehens und der direkte Übergang von der Wahrnehmung einer Situation in die Interpretation der Ereignisse. So steigt die Gefahr, dass es zu Vermengungen von Fakten, Wahrnehmungen und Hypothesen kommt und Kausalitäten in Informationen hineininterpretiert werden, die es nicht gibt. Ein Überspringen der mitunter mühseligen Rekonstruktion, die im Regelfall mit aufwendiger Detailarbeit einhergeht, kann zu fatalen Fehleinschätzungen führen, da die Grundannahmen der Interpretation falsch sind. Besonders vor Spekulationen, also vor unbegründeten Vermutungen, sollte man sich hüten.

Verstehen

Nur wenn man eine Situation und damit das entscheidende Kernproblem verstanden hat, kann man es lösen und entsprechend gut entscheiden. Dabei helfen beispielsweise folgende Fragen:

- Was ist in welcher zeitlichen Reihenfolge passiert? Dabei sollte man zwischen Fakten, Wahrnehmungen und Hypothesen unterscheiden. Man sollte Zeitstrahlen für Fakten, Wahrnehmung und Hypothesen getrennt darstellen. Ausgrenzen sollte man Spekulationen.
- Wann hat das Problem seinen Ursprung? Häufig geht man nicht weit genug in der Rekonstruktion zurück und klassifiziert frühe Auswirkungen eines Problems irrtümlich als dessen Ursache. Typischerweise passiert das bei der Analyse von Konfliktursachen. Statt den tatsächlichen Ausgangspunkt, beispielsweise eine persönliche Erniedrigung vor anderen zu erkennen, befasst man sich lediglich mit dem ersten lauten Streit der Beteiligten, der einige Tage nach der öffentlichen Erniedrigung ausbrach. Oder man wirft einem Mitarbeiter vor, er hätte einen wichtigen Stolperstein in einem Projekt übersehen und vergisst, dass der Mitarbeiter nicht vernünftig eingearbeitet wurde. Was beim oberflächlichen Betrachten wie ein Mitarbeiterfehler wirkt, war letztlich ein Führungsversagen.

Menschlicher Faktor

Auch personenbezogene Faktoren können eine wichtige Rolle spielen. Beispielsweise: Welche Bedürfnisse haben die beteiligten Personen? Welche Motive sind handlungsleitend? Siehe hierzu das Beispiel des Kommunikationsberaters, der nicht beraten, sondern den Prozess dominiert hat, weil nur er das Problem noch nicht verstanden hatte, sich aber wichtig fühlte . Das Thema vertiefen wir in diesem Buch nicht, weil man hier im Detail auf die Unterschiede zwischen Menschen eingehen muss. Das ist zwar grundsätzlich sinnvoll, aber eher ein Thema für ein eigenes Buch als für einen Absatz in diesem Buch. Für einen ersten Einstieg empfehlen wir die Erklärvideos zu Persönlichkeit auf dem YouTube-Kanal der Hochschule Hannover. Geben Sie auf YouTube *Hochschule Hannover* ein und wählen dann die Playlist *Big Five – das Fünf-Faktoren-Modell der Persönlichkeit*.

Fehlentscheidungen mit fatalen Folgen wurden teilweise sehr exakt rekonstruiert, sodass wir aus Fehlern anderer lernen können. Nachfolgend wird erläutert, welche Fehler zur Explosion der Raumfähre Challenger im Jahr 1986 geführt haben. Alle beschriebenen Fehler finden sich in ähnlicher Form auch im Alltag, bei beruflichen oder privaten Entscheidungen.

6.1 1986 – Explosion der Raumfähre *Challenger*

Lenk (2017, S. 149) schildert detailliert das Zerbrechen der Raumfähre *Challenger* in 15 km Höhe am 28. Januar 1986. Gut eine Minute nach dem Start am Cape Canaveral explodierte die *Challenger*. Sieben Astronauten starben. Wegen einer spröden Gummidichtung an einer der Antriebsraketen trat Treibstoff aus, entzündet sich und explodierte. Die Dichtungsringe waren wegen ihrer Temperaturempfindlichkeit schon lange vor dem Start der *Challenger* als Schwachstellen bekannt.

Sprödes Gummi
Je kälter es ist, desto geringer ist die Elastizität von Gummidichtungen. Bei Temperaturen unter 0 Grad wird es kritisch, weil die Elastizität der Gummidichtungen erheblich abnimmt. Am 27. Januar 1986 hatten sich Ingenieure des Raketenherstellers gegen einen Start ausgesprochen und ausdrücklich auf die Wirkung niedriger Temperaturen auf die Gummidichtungen hingewiesen. Der Wetterbericht sagte für den Starttag niedrige Temperaturen voraus. Wegen der ungewöhnlichen Kälte wurden Gummidichtungen in den Steckverbindungen der seitlichen Raketen spröde, es entstand ein Spalt, durch den Treibstoff austrat und in den Feuerstrahl geriet.

Schwachstelle bekannt
Trotz des Wissens um eine zentrale Schwachstelle und trotz des Widerstands von Experten hatte das Management der NASA entscheiden, den Start durchzuführen (Lenk 2017, S. 149–150; Löhr 2017, S. 156). Die Rekonstruktion zeigt, dass die entscheidenden Informationen vorlagen, von Experten erkannt und deutlich benannt wurden, aber von den Entscheidern nicht erkannt oder zumindest nicht anerkannt wurden. Die Gründe für diese Fehlentscheidung des Managements der NASA sind bis heute unklar beziehungsweise umstritten.

Situationsbewusstsein
Nach Endsley (1997, S. 269) ist ein angemessenes Situationsbewusstsein entscheidend, um gute Entscheidungen zu treffen. Wenn ein Entscheider eine Situation falsch einschätzt, resultieren in sich schlüssige Folgefehler. So kann die Entscheidung für die subjektiv wahrgenommene Situation korrekt sein. Sollte die tatsächliche Situation aber eine andere als die subjektiv

wahrgenommene sein, führte die eigentlich korrekte Entscheidung in einer falschen Situation zu Fehlern (Endsley 1997, S. 270). Ein angemessenes Situationsbewusstsein setzt voraus, Hinweisreize zu erkennen, in ihrer Bedeutung für die konkrete Situation zu erfassen und eine Projektion der Situation in die Zukunft zu schaffen (Endsley 1997, S. 271). Situationsbewusstsein ist somit deutlich mehr als einfach die Umwelt aufmerksam zu beobachten. Wie wichtig Situationsbewusstsein ist, zeigt sich auch darin, dass Experten mehr Zeit in eine Situationsanalyse investieren als Novizen (Lipshitz und Shaul 1997, S. 295–297). Während man als Novize schnell viel erreichen will und daher bei der Situationsanalyse oft überhastet vorgeht, wissen Experten, dass man diese Zeit später mehrfach wieder hereinholt und setzen Gründlichkeit vor Schnelligkeit. Für das NASA-Management waren die Dichtungen möglicherweise nur ein lästiges untergeordnetes Teilproblem.

Praxistipp
Nehmen Sie Hinweise auf mögliche Komplikationen ernst. Das gilt bei einem quietschenden Kugellager am Auto ebenso wie bei Hinweisen auf einen ernsten persönlichen Konflikt zwischen Teammitgliedern. Es geht nicht darum, Gras wachsen zu hören, das nicht wächst, sondern darum, Probleme so früh ernst zu nehmen, dass man Sie noch vergleichsweise einfach und ohne unnötigen Zeitdruck lösen kann.

6.2 Tathergangsanalyse

Auch bei der Aufklärung von Verbrechen nutzt man die Macht der Rekonstruktion. Es gilt der Grundsatz (Horn 2014, S. 69): Von der Rekonstruktion zur Interpretation. Erst muss der Ablauf eines Verbrechens im Detail rekonstruiert werden, danach kann man Schlüsse ziehen. So vermeidet man Spekulationen.

108 Stiche
Horn (2014, S. 69) schildert eine Tötung, in der ein Mann mit 108 Stichen umgebracht wurde. Vielleicht zuckt ihr Interpretationsgehirn schon und schreit: Das ist eine Übertötung, also die Anwendung von erheblich mehr Gewalt als für eine Tötung nötig gewesen wäre. Niemand braucht so viele Stiche, um jemanden umzubringen. Also muss es dem Täter um etwas Anderes gegangen sein und der Täter hatte bestimmt eine Vorbeziehung zum Opfer. Warum sollte man ohne Hass so oft zustechen? Und so weiter

und so weiter. Stopp! In dem konkreten Fall wog das Opfer 140 kg und der Täter schaffte es nur mit Mühe, eine tödliche Verletzung zu setzen, da es sich bei der Tatwaffe um ein Taschenmesser handelte. Die Stiche waren funktional nötig, um das Opfer töten zu können – also kein Anzeichen für eine Übertötung (Horn 2014, S. 70). In diesem Fall ist offensichtlich, dass eine Übertötung eine Spekulation wäre, in vielen Fällen im Alltag erkennt man Spekulationen nicht so einfach.

Praxistipp
Erst verstehen, dann urteilen. Das gilt auch für das Verhalten von Nachbarn, Kollegen und Freunden. Wir betrachten eine Situation mit unserem Weltwissen und das ist eingeschränkt. Nehmen Sie sich gerade am Anfang, beim Verstehen einer Situation, so viel Zeit, dass Sie die Perspektive wechseln können. Wenn der Nachbar Sie nicht grüßt, heißt das nicht, dass er etwas gegen Sie hat. Erst die Situation klären, dann entscheiden.

6.3 1997– Apple kriegt die Kurve

Noch ein anderes Beispiel für eine Rekonstruktion. Apple stand 1997 kurz vor der Insolvenz. Die Produktion war sehr teuer, die Lagerbestände hoch und das Sortiment sehr breit. Steve Jobs übernahm in dieser Notlage erneut die Leitung von Apple, er hatte verstanden wodurch die Existenzkrise verursacht worden war und strich das Sortiment massiv zusammen. Übrig blieben nur noch vier Produkte: Zwei Laptops und zwei Desktops mit den beiden Zielgruppen Normalnutzer und professionelle Nutzer (Schlender und Tetzeli 2015, S. 225–226). Das Beispiel zeigt: Erst mit einem angemessenen Situationsverständnis kann man die Kernproblemstellung erkennen und klug handeln. Steve Jobs hätte auch versuchen können, günstiger fertigen zu lassen, weitere Produkte auf den Markt zu bringen und so weiter. Das hat er nicht getan, weil er wusste, das Grundproblem wäre nicht gelöst worden. Rekonstruktionen helfen also nicht nur bei der Aufklärung von Verbrechen, sondern auch bei Entscheidungen im Beruf und im Privatleben.

Praxistipp
Dringen Sie zum Wesen eines Problems vor und geben Sie sich nicht mit Standardantworten zufrieden. Gibt es einen Grund, warum der Partner von außen betrachtet so unnötig aggressiv auf eine einfache Frage reagiert? Was hat der Partner verstanden und gibt es frühere Situationen, die mit der Frage wieder auf die Tagesordnung gesetzt wurden?

6.4 Komplex oder kompliziert

Zugegebenermaßen fällt es gerade in Stresssituationen schwer, wie in einer drohenden Insolvenz oder einer bevorstehenden Scheidung, den Überblick zu behalten. Dies liegt unter anderem daran, dass viele Informationen unterschiedlicher Qualität in hoher zeitlicher Dichte oder inhaltlicher und qualitativer Vielfalt auf einen Entscheider einprasseln. Unserer Erfahrung nach ist es hilfreich, wenn man sich im ersten Schritt bewusstmacht, in welcher Situation man sich befindet.

4 Blickwinkel
In der Auswertung der untersuchten Entscheidungssituationen (Litzcke und Horn 2018) hat sich gezeigt, dass es unter anderem vier Ebenen sind, die man für ein gutes Situationsverständnis benötigt:

- Ist der Zeitdruck hoch oder gering?
- Ist die Dynamik stark oder schwach?
- Ist die Situation vertraut oder unvertraut?
- Ist die Situationskomplexität hoch oder gering?

Wenn es dicke kommt
Wie Sie sich vermutlich schon gedacht haben, schreiben wir hier nicht über Sonnenscheinsituationen, also über Situationen mit geringem Zeitdruck, schwacher Dynamik, die vertraut und einfach durchschaubar sind. Warum auch? Solche Situationen lösen kein Stress aus, man muss sich nicht mit emotionalen Plagegeistern herumschlagen und brauchbare Heuristiken hat man meist auch schon. Man kann solche Situationen im automatischen Denken (siehe Kap. 4 *Denken – ist anstrengend, hilft aber*) lösen, ohne ins Schwitzen geraten. Wir sprechen über die anderen Situationen, die mit hohem Zeitdruck, starker Dynamik, geringer Vertrautheit, Heuristiken sind also nicht verfügbar, und hoher Komplexität. Das führt zu starken Emotionen und zu Stress. In dem Fall sollte man sich anstrengen und automatisches Denken ausschalten sowie kontrolliertes Denken aktivieren. Im Kern muss man die in solchen Situationen zwingend nötige angemessene Komplexitätsreduktion im kontrollierten Denken vornehmen (siehe Kap. 5 *Fakten, Wahrnehmungen und Hypothesen*). Das ist nicht einfach, kann aber gelingen.

3 min und 28 s
Die Notwasserung von Chesley Sullenberger im Jahr 2009 auf dem Hudson River ist ein Positivbeispiel. Vom Start bis zur Notlandung vergingen 3 min und 28 s, man kann von starkem Zeitdruck sprechen. Die Dynamik war

aufgrund des beidseitigen Triebwerksausfalls in Folge des Vogelschlages extrem hoch, zumal sich diese Notsituation über dicht besiedeltem Gebiet ereignete – das Flugzeug klebte nicht einfach in der Luft, bis die Piloten in Ruhe alle Optionen durchdacht hätten, sondern es verlor rapide an Höhe. Die Vertrautheit mit der Situation war gering, da der Ausfall beider Triebwerke in einer so geringen Höhe ein sehr seltenes Ereignis darstellt. Deshalb gab es für einen solchen Fall auch keine Checkliste – es war keine Standardnotfallsituation. Über das Ausmaß an Komplexität kann man hier diskutieren. Einerseits war das Ziel einer sicheren Landung sehr klar. Auf der anderen Seite war das Flugzeug mit hoher Geschwindigkeit unterwegs und verlor dramatisch an Höhe. Es waren also viele Aspekte beim Landeanflug, wenn man es so nennen kann, zu beachten.

Komplex und kompliziert
Hilfreich zur Klärung einer Situation kann die Unterscheidung von komplex und kompliziert sein.

> **Definition**
> Komplexität bezeichnet das Verhalten eines Systems oder Modells, dessen viele Komponenten sich auf verschiedene Weise wechselseitig beeinflussen.

Die Definition von Komplexität variiert zwischen den unterschiedlichen Anwendungsgebieten, beispielsweise in der Wirtschaft oder der Wissenschaft. Nur schwer strukturierbare Situationen sind komplex.

> **Definition**
> Im Gegensatz dazu ist eine Situation kompliziert, wenn sie vielschichtig ist und man viel Denkleistung benötigt, um sie zu lösen.

Subjektiv kann etwas als kompliziert angesehen werden, wenn man nicht über das Wissen, das Können, die Intelligenz oder die Bereitschaft verfügt, es zu verstehen oder zu beherrschen.

Wer sich im Alter von 70 Jahren das erste Mal mit dem Internet befasst und ein Onlinekonto bei einer Direktbank eröffnen will, der findet das kompliziert. Was ist ein Browser, wozu benötige ich einen Zugangscode und was soll ich genau mit meinem Smartphone freischalten? Dafür brauche eine App, aha. Und wo finde ich die jetzt? Das sind zu viele Probleme auf verschiedenen Ebenen als dass diese zeitgleich gelöst werden könnten. Wer sich mit Internet und Smartphones etwas auskennt, der kann ein Onlinekonto einschließlich Identitätsprüfung in 10 min eröffnen. Ist die Eröffnung eines Onlinekontos also kompliziert? Kommt darauf an, wen man dazu fragt. Komplex ist die Eröffnung eines Onlinekontos jedenfalls nicht.

6.5 Zusammenfassung

Wir raten dazu, Entscheidungen dann zu treffen, wenn eine vertretbare Rekonstruktion vorliegt und ein ausreichendes Situationsverständnis gewonnen wurde. Das ist in der Regel dann der Fall, wenn man die Informationen geordnet hat und keine weiteren relevanten Informationen zu erwarten sind. Angenommen, man müsste die Entscheidung treffen, ob man eine schwierige Hirnoperation wagt oder nicht. Dann ist es sicher sinnvoll, eine zweite oder vielleicht auch eine dritte Meinung einzuholen. Aber wenn alle Informationen auf dem Tisch legen, sollte man auch entscheiden. Wenn man nur wenig Zeit hat, wird die Rekonstruktion straffer ausfallen. Ganz auf eine Rekonstruktion verzichten würden wir auch unter Zeitdruck nicht.

Literatur

Endsley, M. R. (1997). The Role of Situation Awareness in Naturalistic Decision Making. In C. E. Zsambok & G. Klein (Hrsg.), *Natural Decision Making* (S. 269–283). Mahwah (N.J.): Lawrence Erlbaum Associates.

Horn, A. (2014). *Die Logik der Tat*. München: Droemer.

Lenk, H. (2017). Einige Technik-Katastrophen im Lichte der Ingenieursethik. In: M. Weigl (Hrsg.), *Katastrophen. Affären. Skandale, Krisen. Analyse politischen Krisenmanagements* (S. 149–154). Passau: Universität Passau.

Lipshitz, R., & Shaul, O. B. (1997). Schemata and Mental Models in Recognition-Primed Decision Making. In C. E. Zsambok & G. Klein (Hrsg.), *Natural Decision Making* (S. 293–303). Mahwah (N.J.): Lawrence Erlbaum Associates.

Litzcke, S., & Horn, A. (2018). *Entscheiden in Extremsituationen* (unveröffentlichter Forschungsbericht). Hannover: Hochschule Hannover.

Löhr, A. (2017). STS-51-L: „Obviously a Major Malfunction". 25 Jahre Challenger-Tragödie. In: M. Weigl (Hrsg.), *Katastrophen. Affären. Skandale, Krisen. Analyse politischen Krisenmanagements* (S. 155–159). Passau: Universität Passau.

Schlender, B., & Tetzeli, R. (2015). *Becoming Steve Jobs*. New York: Crown Publishing Group.

7

Gut Entscheiden – der rote Faden

> In diesem Kapitel stellen wir das von uns entwickelte Vorgehen für Entscheiden vor, kurz: den roten Faden. Damit bieten wir ein Hilfsmittel an, mit dem man Informationen sortieren, Situationen verstehen, die eigenen Emotionen kontrollieren und durch den richtigen Einsatz kognitiver Ressourcen, Lösungsstrategien entwickeln sowie klug entscheiden kann. Bei starkem Stress gilt: Erst die eigenen Emotionen in den Griff kriegen, dann Gehirn einschalten und kontrolliert denken.

Vorbereitung

Noch vor dem Meistern der eigentlichen kritischen Situation setzt eine gute Vorbereitung an, auf die wir hier nicht im Detail eingehen, weil eine gute Vorbereitung je nach Situation etwas Anderes bedeutet. Dinge, die man vorbereiten kann, sollte man vorbereiten, ohne der Illusion zu erliegen, damit für alle Eventualitäten gerüstet zu sein. In jedem Fall sollte man seine Lieblingsfehler kennen, beispielsweise eine zu hastige Informationsbewertung oder ein zwanghaftes Horten von Informationen, und gezielt dagegenhalten.

Kurzer roter Faden für Adhoc-Situationen

Wir bieten für Situationen mit extremem Zeitdruck zusätzlich einen komprimierten roten Faden für Ad-hoc-Situationen an. Wir empfehlen, für solche Fälle die Entscheidungen intensiv nachzubereiten, in der Situation selbst bleibt dafür nicht genügend Zeit. Erfahrung allein ist kein Wert an sich, wenn man die Erfahrung nicht überdenkt und nicht aus ihr lernt.

Der Kniff: Struktur
Der entscheidende Vorteil unseres roten Fadens ist, dass ein strukturierter Ablauf etabliert wird, bei dem man mit etwas Übung die einzelnen Schritte automatisch ansteuert – was gerade bei starkem Stress und bei hochschießenden Emotionen hilfreich ist. Der rote Faden gibt bei korrekter Anwendung Struktur und Ordnung, sichert die Vollständigkeit des Problemlöse- und Entscheidungsprozesses und hält damit zugleich die Emotionen im Zaum. Der rote Faden hat nichts mit automatisiertem Denken zu tun, sondern unterstützt das kontrollierte Denken in schweren Zeiten. Wenn man droht, seinen Emotionen zu unterliegen, hilft der Leitfaden, die Spur zurück zum kontrollierten Denken zu finden.

Anwendung
Unser Anspruch ist es, wiederkehrende Fehler in Entscheidungsprozessen zu verhindern oder zumindest deren Folgen zu mildern (Abb. 7.1). Aber: Nicht immer kann man perfekte Entscheidungen treffen. In manchen Situationen ist es schon ein Erfolg, keine katastrophalen Fehlentscheidungen zu treffen. Die ersten Ideen für den roten Faden haben wir in der Anwendung fallanalytischer Verfahren bei der Aufklärung schwerwiegender Gewaltdelikte entwickelt. Zug um Zug haben wir gesehen, dass diese Vorgehensweise auch bei anderen Problemen und anderen Entscheidungen hilfreich sein kann, sowohl im Beruf wie im Privatleben. Wir haben unseren Ansatz in der Folge auf andere Entscheidungen übertragen und angepasst. Wir veranschaulichen in diesem Kapitel die einzelnen Schritte des roten Fadens anhand der erfolgreichen Notwasserung des US-Airways-Fluges 1549 durch Chesley Sullenberger auf dem Hudson River am 15. Januar 2009, nachdem die Triebwerke durch Vogelschaden ausgefallen waren (National Transportation Safety Board 2009). Die erfolgreiche Notwasserung ist eines der wenigen öffentlich bekannt gewordenen Positivbeispiele und ist so gut dokumentiert, dass man die Entscheidungssituation(en) gut nachvollziehen kann.

Absolutes Minimum
Wenn der Zeitdruck hoch ist, muss man auf diejenigen Schritte verzichten, die nicht zwingend notwendig sind. Die folgenden Schritte müssen aber

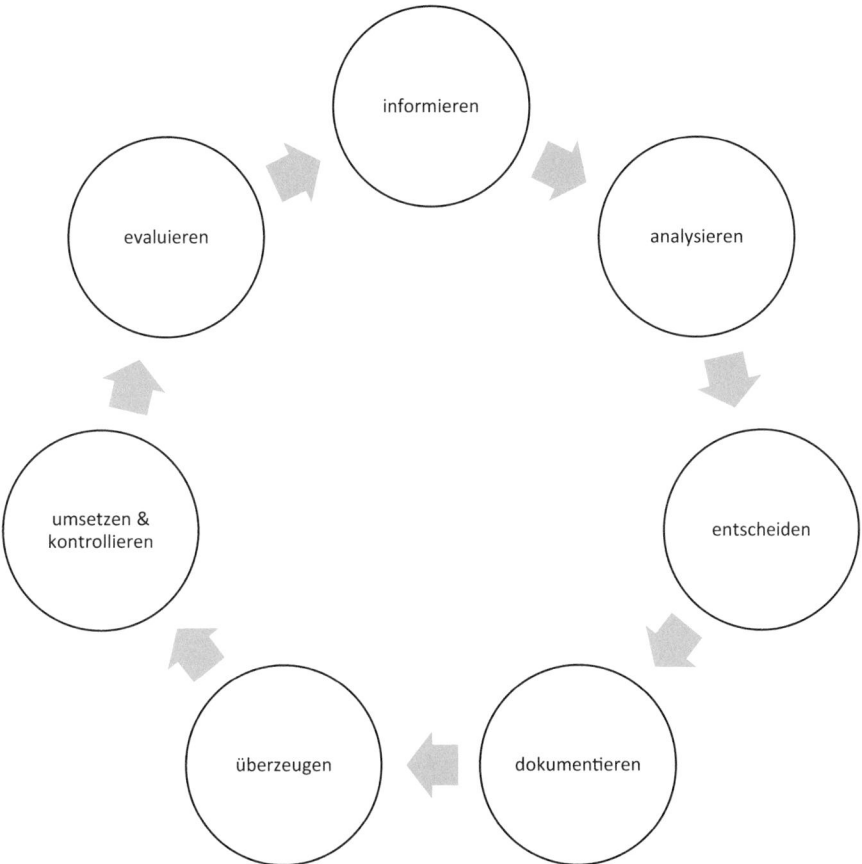

Abb. 7.1 Roter Faden in Situationen ohne Zeitdruck. (Eigene Darstellung)

auch unter großem Zeitdruck gegangen werden (Abb. 7.2): Das Unterscheiden von Fakten, Wahrnehmungen und Hypothesen, das Herausarbeiten des Kernproblems, sich am Notwendigen orientieren und nicht am Machbaren, Alternativhypothesen entwickeln und überprüfen, dabei die Gesamtsituation im Auge behalten und keine isolierten Entscheidungen treffen. Abschließend sollte man die Umsetzung einer Maßnahme sicherstellen und darauf achten, ob eine umgesetzte Maßnahme wie beabsichtigt wirkt oder nicht.

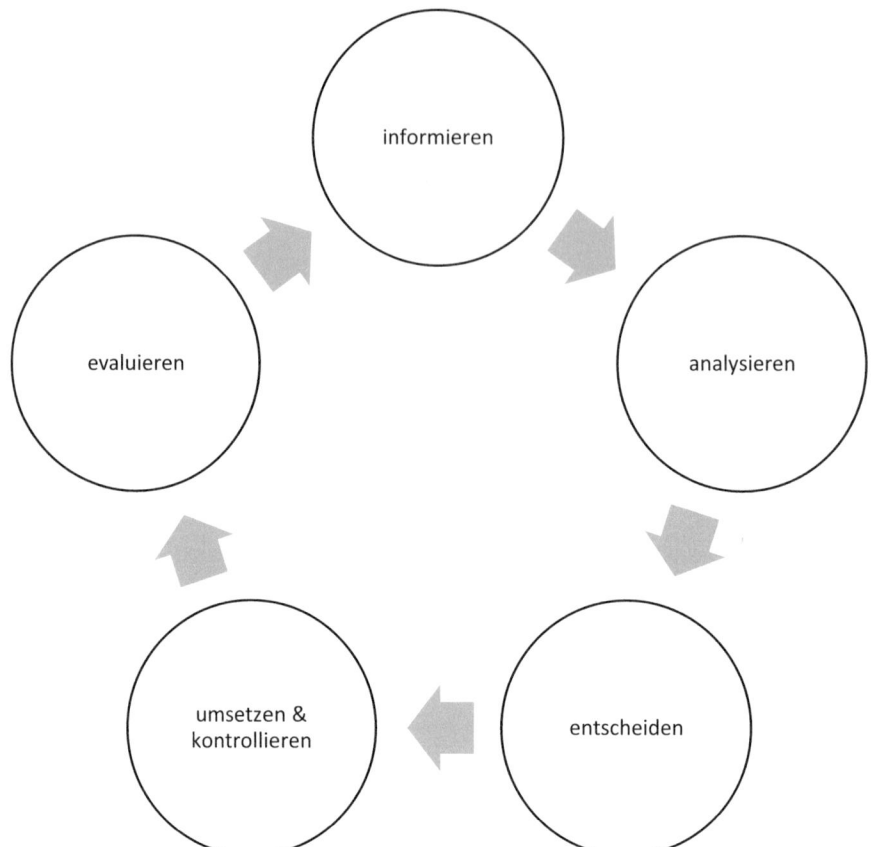

Abb. 7.2 Roter Faden in Situationen mit Zeitdruck. (Eigene Darstellung)

7.1 US-Airways-Flug 1549 – 15. Januar 2009

Gigerenzer (2013, S. 42–44) beschreibt die kritischen Minuten wie folgt: Am 15. Januar 2009 startet der US-Airways-Flug 1549 vom Flughafen La Guardia/New York mit 150 Passagieren an Bord. Kurz nach dem Start kollidiert ein Schwarm Wildgänse in Höhe von 850 m mit dem Flugzeug. Die Wildgänse gerieten in die Turbinen und beide Turbinen schalteten sich automatisch ab, um eine Explosion zu verhindern. Für Sullenberger (2016, S. 213) war das ein Schock, der Einschlag war laut und die Vögel prasselten geradezu auf das Flugzeug.

Spontanreaktion

Die spontane Reaktion von Captain Chesley Sullenberger in einer Meldung an die Flugsicherung war: Vogelkollision. Haben Schub in beiden Turbinen verloren und kehren nach La Guardia zurück. Das entsprach zwar dem Standardverfahren, gut war die die Idee wegen der geringen Flughöhe dennoch nicht. Hätte Sullenberger diese Option weiterverfolgt, wären höchstwahrscheinlich alle Passagiere gestorben, möglicherweise noch weitere Menschen in dem dicht besiedelten Gebiet.

Schnelle Korrektur

Das hat Chesley Sullenberger sehr schnell erkannt und seine Entscheidung korrigiert. Er versuchte gar nicht erst nach La Guardia oder zu einem Ausweichflughafen zurückzufliegen, sondern landete auf dem Hudson River (Gigerenzer 2013, S. 42–44). Er hatte die Standardoption Rückkehr zum Flughafen erwogen, als nicht umsetzbar eingestuft und sich für die Notwasserung entschieden. Das passierte schnell, aber nicht hektisch.

Stress

In einem Interview (Hossli 2009) erzählt Chesley Sullenberger, dass er einen dumpfen Schlag spürte und eine Vibration, wie sie beim Zermalmen von Vögeln entsteht. Ein fürchterlicher Gestank drang ins Cockpit. Die Schubkraft verkümmerte, das Flugzeug verlor sofort an Geschwindigkeit. Sullenberger stand unter starkem Stress und er wusste, die Situation ist extrem gefährlich (Hossli 2009). Sullenberger wollte erst, aber nur ganz kurz, nicht wahrhaben, was passiert war. Das blendete er sofort aus und löste das Problem (Sullenberger 2016, S. 217). Das schaffte Sullenberger unter extremem Stress, was seine Leistung so ungewöhnlich machte. Er hat seine Emotionen in den Griff bekommen und kontrolliert gedacht.

Hilfreiche Heuristik

Scheinbar intuitiv traf Chesley Sullenberger die richtige Entscheidung, auf dem Hudson River notzulanden (Gigerenzer 2013, S. 43–44). Intuition hieß in diesem Fall, dass Chesley Sullenberger einer Faustregel (Heuristik) folgte, die er gelernt hatte. Die Heuristik lautet: Einen Punkt, hier der Flughafen, der in der Cockpitscheibe aufsteigt, kann man nicht mehr erreichen. Obwohl der Fluglotse den Weg zurück zum Flughafen vorschlug, erfasste Chesley Sullenberger die Situation richtig und flog, entgegen seines ersten Impulses, nicht zurück zum Flughafen (Gigerenzer 2013, S. 43). Die eigentliche Entscheidung für die Notwasserung war indes nicht intuitiv. Diese

Entscheidung traf Chesley Sullenberger bewusst, *nachdem* er die Standardoption Rückkehr zum Flughafen als nicht umsetzbar verworfen hatte.

Stress im Griff
Die entscheidende Frage ist: Warum korrigierte Chesley Sullenberger seine Entscheidung? Er hat sehr schnell akzeptiert, dass eine Rückkehr zum Flughafen nicht gelingen würde, und seine Konzentration auf die einzig verbleibende Alternative gerichtet. Besonders eindrucksvoll ist seine ruhige Stimme während des Funkverkehrs mit dem Fluglotsen. Geben Sie die Begriffe *US-Airways-Flug 1549* und *Funkverkehr* in eine Suchmaschine ein, dann können Sie es sich selbst anhören. Alle Passagiere und die Crew überlebten die Notlandung unverletzt, weil Chesley Sullenberger den Mut hatte, eine Entscheidung gegen das im konkreten Fall unpassende Standardverfahren zu treffen.

Voll kognitive Leistungsfähigkeit
Der Erfolgsfaktor für die Entscheidung von Chesley Sullenberger war: Er war kognitiv voll leistungsfähig und stand nicht unter so dramatischem Stress – wie es vermutlich den meisten anderen ergangen wäre. Die mentale Stärke von Chesley Sullenberger hat den Ausschlag gegeben. Wäre er in Panik geraten und wäre blind der Routine gefolgt, hätte er versucht zum Flughafen zurückzufliegen und wäre bei dem Versuch abgestürzt.

Praxistipp
Jeder von uns kann in eine extreme Stresssituation kommen wie einen Überfall, Blitzeis auf der der Autobahn, als Ersthelfer bei einem schweren Unfall. Gerade dann sollte man sein Gehirn anwerfen, was nur gelingen wird, wenn man zuvor den Stress in den Griff bekommen hat.

7.2 Informieren

> **Wichtig**
> Zunächst sollte man prüfen, ob man alle relevanten Informationen hat oder nur die leicht verfügbaren. Dazu muss man relevante von den irrelevanten Informationen trennen. Tut man das nicht, gerät man in eine Informationsüberlastung.

Gerade in hochdynamischen Situationen strömen sehr viele Informationen auf einen Entscheider ein. Gelingt es nicht, relevante von irrelevanten Informationen zu trennen, läuft man Gefahr, im Informationschaos zu versinken und vor der Aufgabe zu kapitulieren. Folge: Die dringend notwendige Entscheidung verzögert sich, weil man von der Informationsflut erschlagen wird. Hierbei kann Erfahrung helfen, die kognitive Energie sparsam und klug einzusetzen und somit mehr Kapazitäten für die eigentliche Problemlösung zur Verfügung zu haben. Wenig hilfreich ist es hingegen, sich emotional in einer Situation zu verlieren, beispielsweise mit dem Schicksal zu hadern, zu jammern oder eine Situation wieder und wieder nachzuerleben. Information geht vor Emotion.

Informationen sortieren
Entscheidend ist die Sortierung eingehender Informationen nach

- Fakten: Vogelkollision, beide Triebwerke sind defekt.
- Wahrnehmungen: Die Schubkraft verkümmert und das Flugzeug verliert an Geschwindigkeit und somit an Höhe.
- Hypothesen: Die verbleibende Zeit im Sinkflug reicht nicht für eine Notlandung auf einem Flughafen.

Die Einteilung von Informationen in Fakten, Wahrnehmungen und Hypothesen ist der Kernbereich des roten Fadens. Es hat sich gezeigt, dass bei Fehlentscheidungen häufig keine methodisch saubere Einordnung der Informationen in diese drei Kategorien erfolgt bzw. die Informationen der falschen Kategorie zugeordnet werden. Dies hat drastische Auswirkungen auf die Analyse- und die Entscheidungsqualität.

Emotionen rauben kognitive Energie
Eine hohe emotionale Beteiligung in der Informationsphase bindet kognitive Energie. Sich selbst an die notwendige Sortierung der Informationen zu erinnern, hilft dabei, die knappen kognitiven Ressourcen zielgerichtet einzusetzen. Mit einer Klassifikation der Informationen in Fakten, Wahrnehmungen und Hypothesen verschafft man sich einen Überblick. Schon beim Sortieren sollte man aktiv die Qualität der Informationen überprüfen. Schon alleine dadurch, dass man Informationen nach diesen drei Kategorien sortiert, gewinnt man Kontrolle zurück und unserer Erfahrung nach werden so die Emotionen schwächer.

Stolperfalle
Dynamische Einflussfaktoren werden regelmäßig unterschätzt. Neben dieser kognitiven Stolperfalle gibt es noch eine emotionale. Immer wieder mussten wir beobachten, wie sich Menschen aus Angst in eine Pseudopräzision flüchten oder wie sie aus Gründen der Selbstwertstabilisierung Informationen nach emotionaler statt nach tatsächlicher Nützlichkeit bewerteten. Im schlimmsten Fall blockiert ein emotionaler Filter wichtige Fakten, weil die Fakten emotional nur schwer zu ertragen sind. So musste Chesley Sullenberger es aushalten, zu erkennen und anzuerkennen, dass die beiden Triebwerke defekt waren und sich nicht wieder starten lassen würden. Damit erkannte Sullenberger zugleich an, dass er und alle anderen Menschen in dem Flugzeug in akuter Lebensgefahr war. Er konnte nicht weitergleiten und darauf hoffen, dass die Triebwerke durch ein Wunder wieder anspringen würden.

Irrelevante Informationen
Besonders gefährlich wird es, wenn leicht verfügbare irrelevante Informationen verarbeitet werden und schwer beschaffbare relevante Informationen nicht aktiv gesucht werden. Bei einem solchen Fehler hat man zwar das gute Gefühl, etwas zu tun und glaubt, die Kontrolle zu erlangen/zu behalten, tatsächlich verschleudert man jedoch seine knappen kognitiven Ressourcen. Beispielsweise hätten Sullenberger oder der Copilot verschiedene in der Nähe liegende Flugplätze gegeneinander abwägen oder mit dem Fluglotsen eine Notlandung auf einem der nicht erreichbaren Flugplätze planen können.

Experten sind schnell
Sofern Informationen optimiert und verdichtet werden müssen, lohnt es sich in der Regel Expertenwissen zu nutzen. Experten sind auf ihrem Gebiet trainiert und deshalb schnell. Aber: Experten überschätzen sich auch. Ein Expertenrat sollte auf dasjenige Gebiet beschränkt werden, auf dem sich ein Experte tatsächlich sehr gut auskennt. Glücklicherweise war Sullenberger ein Experte. Bevor er zur zivilen Luftfahrt wechselte, hatte er eine Ausbildung als Kampfjetpilot absolviert. Zudem war Sullenberger als Flugunfallsachverständiger aktiv. Glück gehabt: Der Experte flog in diesem Fall selbst und war vor Ort.

Häufig werden zu Beginn einer komplexen Situation dynamische Einflüsse unterschätzt. Eine dynamische Situation bleibt nicht stabil, sondern verändert sich, auch ohne dass jemand entscheidet. Durch den Ausfall der beiden Triebwerke verlor das Flugzeug schnell an Höhe, auch ohne dass der Pilot irgendetwas entschieden hatte. Chesley Sullenberger hatte also nicht viel Zeit, Optionen gegeneinander abzuwägen oder komplizierte Berechnungen anzustellen.

7.3 Analysieren/Situation verstehen

> **Wichtig**
> In der Analysephase findet das Problemlösen statt. Deshalb besteht in dieser Phase der größte Bedarf an Denkleistung.

Man muss sicherstellen, dass man die Ereignisse, die zu einer komplexen Situation geführt haben, angemessen rekonstruiert. Dabei muss man wissen, zu welchen Anteilen die Rekonstruktion auf Fakten, Wahrnehmungen und Hypothesen beruht. Wenn es sich um eine bekannte Standardsituation handelt, sollte man Heuristiken einsetzen. Falls nicht, sollte man in kontrolliertes Denken umschalten.

Kernproblem verstehen
Am wichtigsten ist es, das Kernproblem zu identifizieren. Chesley Sullenberger hat nach dem Vogelschlag sehr schnell erkannt, dass die verfügbare Checkliste nicht auf die konkrete Situation passte – er befand sich auf rund 800 m Höhe und die Checkliste war für eine Flughöhe von mehreren Tausend Metern entwickelt worden. Gigerenzer (2017, S. 44, 47) beschreibt, dass Sullenberger nach dem Aufprall der Wildgänse die Checkliste für einen beidseitigen Turbinenausfall wegen des Zeitdrucks nicht vollständig durchgangen ist. Die 3-seitige Checkliste für einen beidseitigen Turbinenausfall war für die Verwendung in 10.000 m Flughöhe konzipiert und hätte nicht geholfen.

Automatik hätte in den Tod geführt
Wäre Sullenberger im automatischen Modus geblieben, hätte er eine nutzlose Checkliste abgearbeitet und kostbare Zeit verschwendet. Auch erkannte Sullenberger (2016, S. 227) sofort, dass der Versuch des Fluglotsen, ihn zu einer Landebahn von La Guardia zurückbringen, nicht gelingen konnte. Daher antwortete er dem Fluglosten, dass er nicht zurückfliegen, sondern auf dem Hudson wassern würde.

Notwasserung
Nachdem Chesley Sullenberger das Flugzeug sicher auf dem Hudson River gelandet hatte, ging der Copilot während der Evakuierung der Passagiere die Checkliste für die Notwasserung ab dem Landepunkt durch, um einen Brand und andere Gefahren zu verhindern. Sullenberger (2016, S. 245–246) beschreibt, dass die Evakuierungscheckliste hilfreich war. Das zeigt: Checklisten sind manchmal hilfreich, aber nicht immer. Man muss erkennen, wann eine Checkliste oder eine andere Art von Routine hilft und wann sie schadet. Die Checkliste für die Evakuierung war hilfreich, die für einen beidseitigen Triebwerksaufall war es in diesem Fall nicht.

Erste und zweite Entscheidung
Chesley Sullenberger hat sehr schnell richtig erkannt, dass beide Turbinen ausgefallen waren. Die erste Entscheidung war: Rückkehr zum Flughafen. Die zweite Entscheidung war: Erste Entscheidung verwerfen, weil sie nicht umsetzbar ist. Wir schaffen es nicht zurück zum Flughafen: Die dritte Entscheidung war: Notwasserung auf dem Hudson River. Gefolgt von der vierten Entscheidung, bei der Evakuierung der Checkliste für eine Notwasserung zu folgen. Sullenberger hat nach dem Ausfall der zwei Triebwerke erkannt, dass die Checkliste Triebwerksausfall (Automatismus) unbrauchbar war und er hat entschieden, das Flugzeug von Hand zu steuern und seine einzige realistische Chance (Notwasserung) zu nutzen, auch wenn diese Option wegen der geringen Erfolgschancen einer Notwasserung riskant war.

Perfektes Zusammenspiel
Warum hat Chesley Sullenberger die kritische Situation so bravourös gemeistert? Der Schlüssel war der perfekte Wechsel zwischen automatischem und kontrolliertem Denken und das innerhalb der sehr knappen Zeit von 3 min und 28 s zwischen dem Einschlag des Vogelschwarms in die Triebwerke und der Notlandung auf dem Hudson River. Nach Ausfall der Triebwerke war die Situation bedrohlich, extrem starke Emotionen wie Angst oder Wut wären verständlich gewesen. Eine Entscheidung war zwingend notwendig und Chesley Sullenberger konzentrierte sich auf das Notwendigste: Die Notwasserung. Sullenberger klang im Funkverkehr sehr ruhig und konzentriert, lehnte dabei zugleich deutlich alle nicht hilfreichen Angebote des Fluglotsen zu einer Notlandung auf einem naheliegenden Flugplatz ab. Die Situation ging glimpflich aus, weil Chesley Sullenberger die Nerven behielt und richtig entschied.

Fassen wir die Entscheidungssituation, in welcher sich Chesley Sullenberger befand, zusammen: Der Zeitdruck war extrem hoch. Die Dynamik war stark und die Situation unvertraut. Die Situationskomplexität war gering. Das mag auf den ersten Blick überraschen. Aber: Das Kernproblem waren die ausgefallenen Triebwerke und das war den Piloten sehr schnell klar. Ein schnelles und überlegtes Handeln war die Chance zu überleben.

7.4 Entscheiden

Man muss nicht immer alle Dinge zur gleichen Zeit entscheiden und nicht immer ist es so zeitkritisch wie bei der Notwasserung auf dem Hudson River.

> **Wichtig**
> Hilfreich ist die Unterscheidung: Welche Maßnahmen muss ich sofort, mittelfristig und langfristig treffen? Man sollte zwischen notwendigen Sofortmaßnahmen, mittelfristigen Maßnahmen und langfristigen Maßnahmen unterscheiden.

Eine solche Unterscheidung ist hilfreich, um sich nicht *unnötigem* Zeitdruck auszusetzen. Man sollte allerdings auch bei sofort zu treffenden Entscheidungen die Fern- und Nebenwirkungen im Auge behalten. Dabei hilft es, verschiedene Szenarien hinsichtlich der langfristigen Wirkung durchzudenken.

Erfolgswahrscheinlichkeit
Captain Chesley Sullenberger musste am 15. Januar 2009 nachdem die Triebwerke ausgefallen waren, kein halbes Dutzend Optionen gegen einander abwägen, sondern erkennen, ob die Standardoption Rückkehr zum Flughafen erfolgversprechend war oder nicht. Er stellte fest, dass der Rückflug keine Option war und hat die einzig verbleibende gewählt und sich auf diese fokussiert – die Notlandung auf dem Hudson River. In einem Interview (Hossli 2009) erzählt Sullenberger, dass er scheinbar intuitiv die Entscheidung traf, auf dem Hudson River notzulanden (Gigerenzer 2013, S. 43–44). Obwohl der Fluglotse den Weg zurück zum Flughafen vorschlug, erfasste Chesley Sullenberger die Situation richtig und versuchte entgegen seines ersten Impulses *nicht,* zurück zum Flughafen zu fliegen (Gigerenzer 2013, S. 43).

Kein überflüssiges Wort
Wenn man sich den Funkverkehr zwischen dem Piloten Chesley Sullenberger und dem Fluglotsen anhört, merkt man, dass sich der Funkverkehr auf relevante Informationen konzentrierte, es wurden keine überflüssigen Worte ausgetauscht. Der Pilot blieb trotz der von ihm innerlich spontan getroffenen Entscheidung Rückkehr zum Flughafen so flexibel, die Situation neu zu bewerten. Die Emotionen waren unter Kontrolle. Auch wenn Angst und Stress in einer solchen Situation verständlich wären, hätten sie erheblich geschadet. Siehe hierzu Kap. 3 *Emotionen – schlechter als ihr Ruf*.

Praxistipp
Es ist sinnvoll aktiv zu prüfen, ob sofort gehandelt werden muss oder nicht. Manchmal entsteht der Druck nur innerhalb der Beteiligten und durch Gruppendynamik. Am besten stellen Sie sich die Frage, ob es tatsächlich so eilig ist, wie andere behaupten oder wie es sich anfühlt. Denken Sie daran: Unter starken Emotionen ist immer alles dringend – jedenfalls subjektiv.

Machbar statt wünschenswert
Unserer Erfahrung nach hilft es sehr, sich am Notwendigen und nicht am Machbaren zu orientieren oder gar am Wünschenswerten. Je höher der Zeitdruck ist, desto stärker sollte man sich fokussieren. Dazu gehört auch die Klärung der Frage, was notwendig ist, derzeit aber nicht machbar. Das ist eine unerledigte Sache, die man zunächst ablegen und bei nächster Gelegenheit angehen kann.

Gegencheck
Wenn man eine komplexe Situation verstanden und mögliche Varianten des weiteren Vorgehens durchdacht hat, kann man seine Überlegungen in der Regel auch anderen gut darstellen. Sollte das nicht gelingen, also können Sie ihren Entscheidungsansatz anderen nicht klar darstellen, ist das ein Warnzeichen dafür, dass Sie selbst die Situation noch nicht vollständig durchschaut haben.

Blick für das Ganze
Man kann nicht nur in die Falle einer sinnlosen Verarbeitung leicht verfügbarer irrelevanter Informationen tappen, man kann auch in die Falle tappen, einige weniger wichtige und scheinbar entlastende Teilentscheidungen zu treffen und dabei den Blick für das Ganze zu verlieren. Auch hier gilt: Man hat nur das gute Gefühl, etwas entschieden und die Kontrolle erlangt oder

behalten zu haben, während man zugleich die wichtige Entscheidung nicht trifft oder sogar die Ausgangslage für die Wirksamkeit der richtigen Entscheidung verschlechtert.

Informieren – Analysieren – Entscheiden

> **Wichtig**
> Die Schritte Informieren, Analysieren und Entscheiden nannten allen von uns interviewten Menschen, die selbst Entscheidungen unter widrigen Umständen getroffen hatten. Diese drei Schritte waren in allen geschilderten komplexen Situationen relevant.

In einigen der geschilderten Situationen war der Analyseschritt (2 Analysieren/Situationsverständnis) kurz – entweder, weil nicht viel zu analysieren war oder weil der Zeitdruck extrem hoch war. In allen Fällen mussten Informationen verarbeitet und es musste eine Entscheidung getroffen werden. Diese drei Schritte sind unverzichtbar. Auf das Entscheiden folgte die Umsetzung der Entscheidung (Umsetzen und Ergebnis kontrollieren). Je nach Situation kann es zuvor notwendig sein, andere Personen zu überzeugen. Das war aber nur in einigen der geschilderten Fälle erforderlich. Sofern ein Überzeugen anderer notwendig ist, ist dieser Schritt zeitlich vor dem Umsetzen und dem Kontrollieren des Ergebnisses einzuordnen.

7.5 Dokumentieren

Das Dokumentieren von Entscheidungen ist hilfreich, sowohl in der Situation wie auch danach. Dazu sollte man alle relevanten Aspekte der Entscheidung klar und trennscharf verschriftlichen.

> **Wichtig**
> Eine Verschriftlichung zwingt zu einer Präzision, um die man bei einer rein mündlichen Darstellung, auch wenn man Folien oder Flipcharts zur Veranschaulichung nutzt, herumkommt.

Der Zwang zur präzisen Darstellung hilft, Fehler oder Schwachpunkte in der eigenen Analyse oder Entscheidung zu erkennen.

Nachvollziehbarkeit
Eine Dokumentation sollte so verfasst werden, dass eine Entscheidung, auch Jahre später, nachvollzogen werden kann. In der Dokumentation wird das Situationsverständnis dargelegt. Die zum Zeitpunkt der Entscheidung bekannten Informationen werden getrennt nach Fakten, Wahrnehmungen und Hypothesen dargestellt und man dokumentiert auch, welche Informationen man aktiv beschafft und wie man die Qualität der Informationen überprüft hat. Wichtig: Unsicherheiten offenlegen. Im Nachhinein, wenn man mehr weiß, sind solche unvermeidbaren Unsicherheiten zum Zeitpunkt der Entscheidung nur schwer rekonstruierbar. In der Nachbereitung von Entscheidungen in komplexen Situationen begehen die Aufklärer (Presse, Untersuchungsausschüsse, Gerichte) oft den Fehler, Informationen zum Zeitpunkt des Entscheidens mit dem späteren Wissen zu beurteilen.

Direkt oder kurz danach
Eine Dokumentation kann, je nach kritischer Situation, direkt im Zusammenhang mit der Entscheidung oder bei großem Zeitdruck nach Abschluss der komplexen Situation erfolgen. Eine Dokumentation sichert die spätere Nachvollziehbarkeit, beispielsweise in Gerichtsverfahren. Dokumentieren ist anstrengend, vermutlich deshalb haben die von uns interviewten Menschen nur in denjenigen Fällen dokumentiert, in denen dies zwingend notwendig war, beispielsweise bei einem Arbeitsunfall.

Klarheit
Gerade in hektischen Zeiten fällt Dokumentieren knapp aus oder entfällt ganz. Das ist ein Fehler, weil man so zentrale Aspekte der eigenen Entscheidung nicht mehr rekapitulieren kann und weil man nicht für zukünftige Entscheidungen lernen kann. Sie sollten so zeitnah wie möglich alle relevanten Aspekte Ihrer Analyse und Entscheidung verschriftlichen, weil das Klarheit und Trennschärfe bringt sowie die Informationen gegen einen Verlust durch Zeit oder selbstwertdienliche Verzerrung absichert. Durch Dokumentieren stellt man auch für einen späteren Zeitpunkt die Nachvollziehbarkeit früherer Analysen und Entscheidungen her. Besonders hilfreich ist das, wenn ein Problem durch eine Entscheidung nicht gelöst wurde und ein Neuansatz erforderlich ist. Nebenbei kann man auf diese Weise seine Entscheidungen absichern – beispielsweise gegenüber späteren Überprüfungen durch Dritte. Im Fall der Notwasserung auf dem Hudson-River durch Chesley Sullenberger erfolgte die Dokumentation, wie üblich

bei Flügen, automatisch. So konnte der Flug sekundengenau rekonstruiert werden.

In den meisten Situationen gibt es keine automatische Dokumentation. Die von uns befragten Interviewpersonen haben in der Regel nur dann dokumentiert, wenn dies zwingend erforderlich war, beispielsweise aufgrund der Berichtspflicht nach einem Arbeitsunfall. Es ist unserer Erfahrung nach jedoch immer sinnvoll, Gründe für eine Entscheidung und die Entscheidung selbst zu dokumentieren. Beispiel aus einem Interview: „Wenn ich das früher gewusst hätte, hätte ich von vorneherein so etwas bedacht und hätte noch genauer dokumentiert und möglicherweise früher reagiert." Unserer Einschätzung nach resultiert aus einer Verschriftlichung einer Entscheidung im Regelfall eine stärkere Klarheit in der Argumentation. Es macht einen Unterschied, ob man etwas mündlich äußert, oder 0b man sich hinsetzt und die Argumente geordnet niederschreibt. Sie sollten eine Entscheidung so zeitnah wie möglich dokumentieren. Je nach Situation kann das Dokumentieren zeitlich nach dem Schritt *Überzeugen* und auch nach dem Schritt *Umsetzen und Kontrollieren* stehen.

7.6 Überzeugen

In vielen komplexen Entscheidungssituationen geht es nicht nur darum, die richtige Entscheidung zu treffen und entsprechende Maßnahmen abzuleiten, sondern man muss auch andere Personen von der Richtigkeit der Entscheidung überzeugen. Ansonsten ist mit Widerstand zu rechnen, der viel Zeit und Energie kostet. Im Falle der Notwasserung auf dem Hudson haben sich sowohl der Copilot wie auch der Flugloste zurückgehalten. Auf nicht hilfreiche Informationen oder nicht umsetzbare Vorschläge ist Chesley Sullenberger nicht eingegangen und das wurde vom Fluglosten sehr schnell akzeptiert. Das gelingt allerdings in der Regel nur unter Zeitdruck und bei einer klaren Hierarchie. In allen anderen Fällen muss man eine Entscheidung erklären und für deren Umsetzung werben.

Vom Warum zum Was
Wir empfehlen: Gehen Sie beim Überzeugen vom *Warum* zum *Was* und nicht umgekehrt. Die beste Entscheidung bleibt wirkungslos, wenn man wichtige andere Menschen zur Problemlösung benötigt und es nicht schafft, diese von einer Lösung zu überzeugen. Für eine Überzeugung anderer braucht es die Sicherheit, dass alle Aspekte eines Problems umfassend beleuchtet wurden und nicht das Gefühl entsteht, noch nicht fertig zu sein. Dies ist gerade unter Zeitdruck häufig ein Spannungsfeld.

Meist reicht die Zeit

Das Überzeugen anderer ist bei Adhoc-Entscheidungen, wie bei der Notwasserung auf dem Hudson, weniger wichtig, wohl aber bei strategischen Entscheidungen mit langfristigen Folgen. Im Cockpit war einfach keine Zeit für eine Diskussion – also entfiel die Notwendigkeit einer überzeugenden Begründung. In Adhoc-Situationen kann man nur entweder diskutierend in den Abgrund stürzen oder die Diskussion ausfallen lassen. In den meisten komplexen Situationen hat man genug Zeit und muss daher andere argumentativ überzeugen. Man sollte dabei auch auf den richtigen Zeitpunkt achten. Hierzu ein Beispiel aus einem unserer Interviews:

„Üblicherweise leite ich …. eine solche Sitzung. Aber in diesem Fall war das Unternehmen der Meinung, dass es vor allem um Krisenkommunikation geht. Mit viel Mühe konnten wir …. erreichen, dass wir mit bei der Sitzung sind. …. Ich musste mich erst einmal in der Gruppe orientieren, aber aus meiner Sicht war die erste Hälfte der Sitzung Zeitverschwendung – habe erst einmal nicht eingegriffen. Schließlich habe ich mich doch eingeschaltet und gesagt, dass wir von der Problembeschreibung wegkommen müssen und überlegen müssen, was wir tun können. Damit konnte ich das Thema verändern. Die anderen haben auf mich gehört. Die erste Hälfte war wirklich furchtbar. Statt einer halben Stunde dauerte das rund 5 Stunden."

Kommunikationsmüll vermeiden

Das ist auch ein Appell an einen selbst in komplexen Situationen nicht seinem Informationsbedürfnis zu folgen, sondern zu prüfen, was nötig ist und hilft, die anstehende Entscheidung zu treffen. Hierzu ein Beispiel aus unseren Interviews:

„Die Fragestellung … war: Wir positionieren wir uns im Hinblick auf das auslaufende Ultimatum am Freitag. Was machen wir? Die erste Hälfte der Zeit haben wir darauf verwendet, dem Kommunikationsberater das Problem zu schildern. Thema war dabei aber nicht die Erpressung, sondern die Erläuterung dahin gehend, worin genau das wichtige Wissen in der Produktion liegt. Da waren die beiden Produktionsmitarbeiter in ihrem Thema und haben sehr viel Wissen über dem Kommunikationsberater ausgeschüttet. Der Kommunikationsberater war nicht vom Fach und hat ständig nachgefragt. Das hat wirklich gestört, weil es nicht zielführend war."

Besser machte es der Fluglotse, der laut Sullenberger (2016, S. 233) später zu ihm sagte, dass er ihn nicht belästigen wollte und nicht ständig fragen wollte, was passiert jetzt. Er habe gewusst, dass er Chesley Sullenberger die Maschine fliegen lassen musste.

Praxistipp
Bemühen Sie sich um eine gute Kommunikation, auch wenn das zusätzlich zum ganzen Analyse- und Entscheidungsprozess anstrengend ist. Weil Entscheidungen in Gesamthandeln eingebettet werden müssen, bleiben isolierte Entscheidungen wirkungslos. Es braucht in den meisten Fällen dauerhafte Unterstützung durch andere Personen. Ansonsten werden Entscheidung bei der erst besten Gelegenheit wieder umgeworfen – möglicherweise sogar, bevor eine Entscheidung wirksam werden konnte.

Mangel an Fantasie
Möglicherweise muss Überzeugen sogar sehr früh ansetzen, bei der Darstellung von verschiedenen Optionen. Ein Mangel an Fantasie war ein zentrales Problem bei den Ermittlungen zu den Serienmordfällen des Nationalsozialistischen Untergrundes (NSU) in der Zeit von 2000 bis 2007. Die folgende Beschreibung basiert auf Horn (2014, S. 168–179). Die Täter hatten zwischen 2000 und 2006 über Deutschland verteilt acht türkisch- und einen griechisch-stämmigen Menschen erschossen. Bei jeder Tat war dieselbe Pistole verwendet worden. Im Jahr 2007 ermordeten die Täter eine Bereitschaftspolizistin in Heilbronn. Abgesehen von dem letzten Mord, der erst später den Tätern zugeordnet werden konnte, waren alle anderen Opfer Ausländer oder hatten einen Migrationshintergrund. Diese Opfer waren Männer und alle waren Kleingewerbetreibende. Eine kriminelle oder sonstige Verbindung zwischen den Opfern wurde trotz jahrelanger Suche nicht gefunden. Die meisten Opfer waren der Polizei vor den Taten nicht aufgefallen. Dennoch wurde die Hypothese *organisierte Kriminalität* lange aufrechterhalten und viel Energie floss in Ermittlungen in diese Richtung. Im April 2006 wurden innerhalb von drei Tagen zwei Männer erschossen, einer in Dortmund und einer in Kassel. Auch in diesen beiden Fällen lagen Zeugenberichte vor, wie in den Fällen zuvor auch, dass es im Vorfeld der Morde zu Ansprachen durch fremde Männer gekommen sei. Die Analyse der beiden Tötungen im April 2006 zeigte aber, dass sich die beiden Opfer schlicht zur falschen Zeit am falschen Ort aufgehalten hatten. Das Opfer in Dortmund war nur ausnahmsweise zu dieser Zeit in seinem Geschäft, ähnlich war es bei dem in Kassel erschossenen Mann. Es war in beiden Fällen für die Täter vor der Tat nicht vorhersehbar gewesen,

dass die beiden Männer sich in ihren Geschäften aufhalten würden. Damit rückte statt der Hypothese *organisierte Kriminalität* und der Vermutung einer gezielten Tötung, die Hypothese in den Vordergrund, dass die beiden Männer nicht gezielt, sondern in gewisser Weise stellvertretend getötet worden waren. Zu dieser Hypothese passten allerdings die von Zeugen in allen Fällen beobachteten Ansprachen der späteren Opfer durch fremde Männer nicht. Vermutlich haben die Zeugen im Vorfeld der Morde nach Geschehnissen gesucht, die diese Morde plausibel werden ließen. Vermutlich hatten die Zeugen nicht tatrelevante Zufallsbeobachtungen nach den jeweiligen Morden überinterpretiert. Zur Hypothese *organisierte Kriminalität* wurde eine Alternativhypothese entwickelt: *Ausländerfeindliche Tötungen ungeschützter Opfer.*

Wenige Fakten und viele Hypothesen
Die Täter zeigten an den Tatorten nur sehr wenig auswertbares Verhalten. Die Tötungen dauerten kurz und danach verließen die Täter den Tatort sofort. Da man so wenig Verhalten an den Tatorten feststellen konnte, musste man in erheblichem Ausmaß auf Hypothesen zurückgreifen, man hatte zu wenige Fakten. Das Entwickeln der Alternativhypothese (ausländerfeindliche Tötung ungeschützter Opfer) klingt einfacher als es war. Zunächst musste maneinräumen, dass die bisherige Einschätzung möglicherweise falsch war (Hypothese *organisierte Kriminalität*). Die Alternativhypothese war: Täter töten aus einem fremdenfeindlichen Motiv heraus solche Opfer, die bestimmten Kriterien entsprachen. Männlich, Ausländer, Türke oder türkisches Erscheinungsbild, Kleingewerbetreibender.

Überzeugen misslungen
Im nächsten Schritt musste die Alternativhypothese der Sonderkommission vorgestellt werden. Wenn es nicht gelingt, den Leiter einer Sonderkommission von einer Hypothese zu überzeugen, hilft die eigene Arbeit nicht weiter. Es geht somit um das Überzeugen anderer wichtiger Personen. Im Mai 2006 wurdie Alternativhypothese *fremdenfeindliche Tötungen* in der Sonderkommission vorgestellt. Von der Nürnberger Sonderkommission wurde die Alternativhypothese gleichrangig zur Hypothese organisierte Kriminalität behandelt. Das war in anderen Bundesländern nicht der Fall. Es gelang nicht, alle Sonderkommissionen in den anderen Bundesländern von der Alternativhypothese zu überzeugen. Das Beispiel zeigt: Überzeugen ist ein wichtiger eigener Schritt auf dem Weg zu guten Entscheidungen.

Situationsabhängigkeit
Einschränkend müssen wir anmerken: Überzeugen war nur bei gut der Hälfte der von den interviewten Entscheidern geschilderten Situationen relevant. In einem Teil der Situationen war die Interviewperson zum Zeitpunkt der Entscheidung alleine und niemand anderes war zu beteiligen. Der Anteil sollte nicht vorschnell inhaltlich interpretiert werden, weil es von der jeweiligen Situation abhängt, ob überzeugt werden muss oder nicht, und weil unsere Stichprobe nicht repräsentativ ist.

Geduld
Überzeugen kann auch darin bestehen, Geduld zu haben und auf den passenden Moment zu warten. Hierzu ein Beispiel:

„Damit hatte ich im Prinzip zwei Gefechtsfelder: Kunde mit Erpressungsfall und möglicherweise ein Kompetenzgerangel zwischen den Beratern." …. „Ich habe sehr schnell die Rollenverhältnisse am Tisch erkannt, die vermeintliche Stärke des Kommunikationsberaters und die Rollen der anderen: Vorstand, meine Rolle, Produktionsmitarbeiter etc. Für mich ist das ein Erfolg gewesen, weil ich wusste, dass ich abwarten muss und an den kritischen Stellen versuchen musste, die Gruppe zu steuern. Das hat geklappt. Ich habe darauf geachtet, dass wir am Ende vorwärtskommen, habe auf die Zeit geachtet. Meine Anregungen wurden von den anderen angenommen." …. „Wenn ich sofort versucht hätte, die Leitung der Sitzung zu übernehmen, hätte das zu Reaktanz beim Kommunikationsberater geführt. Aber auch, wenn ich den Prozess gar nicht gesteuert hätte."

Hier war Fingerspitzengefühl gefragt. Hätte unser Interviewpartner sich früher eingeschaltet, wozu die Situation (Erpressung) verleiten hätte können, wäre es zu Widerstand gegen eine inhaltlich gute Lösung gekommen.

> **Wichtig**
> Man muss nicht nur inhaltlich auf der richtigen Spur sein, sondern auch andere überzeugen können.

7.7 Umsetzen und Kontrollieren

> **Wichtig**
>
> Es ist noch nicht vorbei, wenn Sie eine Entscheidung getroffen haben. Gerade bei Entscheidungen unter Extremstress sollte man sich vor Erleichterung direkt nach einer Entscheidung hüten.

Mit dem Treffen einer Entscheidung ist deren Umsetzung nicht gesichert und selbst bei einer Umsetzung ist deren Wirksamkeit nicht gesichert. Wenn man sich den Funkverkehr zwischen dem Piloten Chesley Sullenberger und dem Fluglotsen anhört, merkt man, dass sich der Funkverkehr auf relevante Informationen konzentrierte, es wurden keine überflüssigen Worte ausgetauscht. Der Pilot blieb trotz seiner ersten getroffenen Entscheidung einer Rückkehr zum Flughafen so flexibel, die Situation neu zu bewerten. Die Emotionen waren unter Kontrolle.

Bleiben Sie am Ball
Manche Entscheider vergessen über der Erleichterung entschieden zu haben, dass sie die aus einer Entscheidung folgenden Maßnahmen umsetzen und hinsichtlich ihrer Wirksamkeit im Auge behalten müssen. Daher sollte man überprüfen, ob eine Entscheidung vollständig umgesetzt wird oder nicht. Man sollte auch überprüfen, ob umgesetzte Maßnahmen wie geplant wirken oder nicht. Das war ein entscheidender Fehler des Fluglotsen bei dem Zusammenstoß zweier Flugzeuge in der Nähe von Überlingen. Falls eine Maßnahme nicht wie geplant umgesetzt wird, muss man Informationen darüber sammeln, warum das so ist und der Entscheidungsprozess beginnt von vorne.

Wirksamkeit
Unserer Erfahrung nach ist die Bewertung der Wirksamkeit von Maßnahmen keine einfache Aufgabe. Zum einen sollte man eine verzögerte Wirksamkeit mitdenken, man darf also eine Maßnahme nicht zu früh als unwirksam einstufen. Das würde zu einem Herumvagabundieren zwischen Maßnahmen führen, die eigentlich wirksam gewesen wären, wenn man ihnen genügend Zeit zur Entfaltung gegeben hätte. Also in solchen Fällen die Gegenfrage stellen: Bin ich zu ungeduldig und übersehe die Latenzphase? Aber es ist auch umgekehrt denkbar, dass handwerkliche Fehler in der Umsetzung gemacht wurden, die erkannt und behoben werden müssen. Letztlich kann man den perfekten Zeitpunkt für das Überprüfen der

Wirksamkeit einer Maßnahme nur selten mit Sicherheit bestimmen. Auch diese Unsicherheit muss man aushalten.

Diskutieren
Was wir in komplexen Situationen immer wieder festgestellt haben, ist die Tendenz zu schweigen, anstatt explizit inhaltlich zu kommunizieren, obwohl in der Regel ein Austausch zur Abschätzung der Wirksamkeit einer Maßnahme hilfreich wäre. Direkt in der Situation ist das Sprechen über den eigenen emotionalen Zustand nicht hilfreich. Das belastet zusätzlich. Bei Führungspersonen kann Stress dazu führen, dass diese mehr sagen und weniger fragen. Das kann verhindern, dass wichtige Informationen ausgetauscht werden und es kann verhindern, dass wichtige Informationen die Führungskraft erreichen. Das Beispiel der Notwasserung auf dem Hudson und der Funkverkehr zwischen Chesley Sullenberger und dem Fluglosten ist eher untypisch. Die beiden hatten sehr wenig Zeit und eine intensivere Kommunikation wäre hier störend gewesen. Hingegen haben die Fachleute vor der Explosion der Challenger im Jahr 1986 das Management nicht mehr inhaltlich erreicht.

7.8 Evaluieren

In einer Evaluation bewertet man die Situation, die Entscheidung und die umgesetzten Maßnahmen mit dem späteren Wissen. Leitfragen sind: Haben sich neue relevante Informationen ergeben? Muss die Bewertung der Informationsqualität und die Einteilung in Fakten, Wahrnehmungen, Hypothesen überdacht werden? Wurde ausreichend mit anderen Personen kommuniziert, die für eine Umsetzung der Maßnahmen wichtig sind? Hat starker Stress zu Fehlern geführt? Wurde an den richtigen Stellen kontrolliert und an den richten Stellen automatisch gehandelt? Wurden relevante Informationen übersehen oder nicht? Wenn ja, war das vermeidbar oder nicht? Haben alle relevanten Informationen den oder die Entscheider tatsächlich erreicht oder nicht?

Alle diese Fragen wurden in der Untersuchung des National Transportation Safety Boards (NTSB) zur Notwasserung auf dem Hudson gestellt. In beiden Triebwerken wurden Reste von Kanadagänsen gefunden. Falls Sie den entsprechenden Film *Sully* gesehen haben sollten, Tom Hanks spielte dort Chesley Sullenberger: die Untersuchung durch das NTSB war in der Realität nicht so feindselig, wie es in dem Film dargestellt wird.

Rückschauende Bewertung – keine Besserwisserei
In einer Evaluation geht es um eine rückschauende Bewertung der verschiedenen Schritte des Problemlösen und Entscheidens. Die von uns interviewten Personen berichteten häufiger von einer Evaluierung als von einer Dokumentation, woraus folgt, dass einige der Evaluationen lediglich auf Basis von Erinnerungen stattfanden und nicht auf Basis zeitnah gefertigter Dokumentationen. Das sehen wir kritisch. Es ist schwer genug, sich selbst bei präziser Dokumentation einige Zeit nach der Entscheidung ein angemessenes Bild zu machen. Ohne eine solche Dokumentation steigt das Risiko von Erinnerungsfehlern.

Lernchance
Eine Evaluation ermöglicht im Idealfall das Lernen aus Fehlern. Sofern Fehler festgestellt werden, geht es im nächsten Schritt darum, die Ursachen herauszuarbeiten und abzustellen. Hier fällt auf, dass von den interviewten Personen häufiger evaluiert als aus Fehlern gelernt wurde. Das kann daran liegen, dass in einigen Evaluationen keine Fehler festgestellt wurden. Sofern man von anderen lernen und nicht alle Fehler selbst machen möchte, ist ein Erfahrungsaustausch hilfreich. Wichtig ist es, einen Austausch von Personen zur ermöglichen, die voneinander lernen können. Von weniger als einem Drittel der Interviewten wurden Erkenntnisse ausgetauscht. Das zeigt auch die Wichtigkeit solcher Interviews, mit denen Erkenntnisse expliziert und für einen breiten Kreis zugänglich gemacht werden können.

Ursachensuche
Sofern Sie in der Nachschau feststellen, Fehler gemacht zu haben, prüfen Sie, worin die Ursachen für diese Fehler liegen. Erst mit einem solchen Wissen können systematische Fehler abgestellt werden. Es geht nicht um eine Schuldzuweisung, sondern um das Lernen aus (negativen) Erfahrungen. Sofern im Nachgang zu einer Entscheidung eine juristische Auseinandersetzung stattfindet oder droht, ist ein solcher Lernschritt nur eingeschränkt möglich.

> **Wichtig**
> Aus Fehlern lernt man nur dann, wenn man keine Bestrafung bei einer selbstkritischen Analyse befürchten muss.

Anwendung

Der rote Faden und unsere Empfehlungen basieren auf unseren eigenen Erfahrungen, auf Erfahrungen anderer, auf Fallstudien, auf einschlägiger Fachliteratur und den Ergebnissen von Interviews mit Menschen, die unter starkem Stress Entscheidungen zu treffen hatten. So resultieren beispielsweise die Empfehlungen für gutes Entscheiden von Horn (2014, S. 236, 242–244) aus dessen langjähriger Erfahrung in der operativen Fallanalyse sowie der hieraus resultierenden Beratungsfunktion bei polizeilichen Einsatzlagen und Ermittlungen. Die Interviewergebnisse zeigen, dass die Erfahrungen Horns (2014) über den polizeilichen Bereich hinaus verallgemeinert werden können.

Folgende Einflussfaktoren, nach dem Ablauf einer idealtypischen Entscheidung sortiert, sind grundsätzlich relevant (Gigerenzer 2013; Horn 2014; Kahneman 2012; Pfister et al. 2017):

a) Das Kernproblem sollte in allen relevanten Aspekten erfasst werden. Das gilt nicht nur für Situationen mit starkem Stress, dürfte dann allerdings besonders schwerfallen. Ohne Verständnis des Kernproblems einer Entscheidungssituation können Information nur bedingt sinnvoll bewertet und es können Optionen übersehen werden, wodurch Fehlentscheidungen wahrscheinlicher werden. Oft fehlen bei Entscheidungen unter starkem Stress entscheidungsrelevante Informationen zum Zeitpunkt der Entscheidung und zwar ohne, dass dies den Entscheidern aufgefallen wäre (Kahneman 2012, S. 115). Ferner sollte man die Qualität der verfügbaren Informationen aktiv und kritisch prüfen. Ansonsten besteht das Risiko, dass alle Informationen, ungeachtet ihrer Qualität, gleich gewichtet werden (Kahneman 2012, S. 192). Besonders riskant ist es, bei Konfrontation mit einem komplexen Problem auf eine leichtere Frage oder ein leichteres Teilproblem auszuweichen (Kahneman 2012, S. 25, 127). Man muss schwere Probleme zunächst einmal emotional aushalten, um sie anschließend lösen zu können. Statt überhastet intuitiv im automatischen Blindflug zu entscheiden, sollte man den anstrengenden Weg kontrollierten Denkens einschlagen.

b) Die Basisraten wichtiger Variablen sollten bei der Problemanalyse und auch bei Entscheidungen beachtet werden. Die Beachtung von Basisraten gelingt in aller Regel nicht intuitiv, sondern muss im Modus des kontrollierten Denkens erfolgen (Kahneman 2012, S. 191). Zudem sollte man Informationen zu Basisraten möglichst so darstellen, dass sie dem evolutionär entwickelten Denken entsprechen (Buss 2016, S. 386; Ray 2013, S. 27–28), sonst hat man zwar die Informationen, schätzt sie aber falsch ein. Basisraten sind nicht in allen Fällen von Entscheidungen relevant. Zumindest aber sollte man überprüfen, ob relevante Basisraten übersehen wurden. Basisraten spielen in vielen Fällen eine Rolle, beispielsweise auch bei der Aufklärung von Tötungsdelikten mit sexueller Komponente (Litzke et al. 2015, S. 11). Wenn man weiß, dass Übertötungen seltene Ereignisse sind, hat eine Übertötung in einem konkreten Mordfall eine andere Bedeutung, als wenn man irrtümlich glaubt, Übertötungen seien bei Sexualmorden die Regel.

c) Man sollte Nebenwirkungen und Fernwirkungen von Entscheidungen bedenken. Ansonsten besteht das Risiko, mit einer Entscheidung zwar kurzfristig Nutzen zu erzielen, aber mittel- oder langfristig zu scheitern. Hierfür bedarf es der Denkleistung über unmittelbare Folgen hinauszublicken. Das Bedenken mittel- und langfristiger Folgen ist ebenso wie das Beachten von Nebenfolgen eine Aufgabe für das kontrollierte Denken.

d) Nach einer getroffenen Entscheidung sollte man weiter aufmerksam bleiben und überprüfen, ob die gewünschten Folgen eintreten oder ob sich die gewünschten Folgen zumindest abzeichnen. Dazu müssen die Konsequenzen von Entscheidungen kontrolliert sowie getroffene Entscheidungen bei ausbleibendem Erfolg überdacht und relevante Optionen erneut geprüft werden. Dabei hilft es, wenn Entscheidungen zuvor schriftlich dokumentiert wurden. Mithilfe einer schriftlichen Dokumentation schützen sich Entscheider vor Erinnerungslücken und vor selbstwertdienlichen Erinnerungsverzerrungen. Mittels einer Dokumentation können (Fehl)entscheidungen analysiert und hieraus kann für künftige Entscheidungen gelernt werden.

e) Entscheider sollten auch nach vielen erfolgreichen Entscheidungen selbstkritisch bleiben. Erfolg kann zu unangemessen hoher subjektiver Sicherheit führen, immer richtig zu entscheiden. Vergangene gute Entscheidungen sind kein Garant für künftig gute Entscheidungen. Eine zu optimistische Sichtweise kann dazu führen, dass Erfolge irrtümlich den eigenen Fertigkeiten zugerechnet werden und dass Misserfolge irrtümlich auf äußere Ursachen geschoben werden (Kahneman 2012, S. 325) – also die anderen sind schuld. Damit wird die Chance verpasst, aus Fehlern zu lernen. Wer ständig anderen die Schuld gibt, verpasst die Chance zu lernen und wird dieselben Fehler wieder begehen.

f) Je nach Situation kann es zusätzlich nötig sein, ein Team in die Entscheidung einzubinden, nach der Entscheidung andere von der Entscheidung zu überzeugen und die Ergebnisse zu kontrollieren. Eine

Ergebniskontrolle ist umso gebotener, je stärker die Entscheidung auf Wahrnehmung oder Hypothesen statt auf Fakten beruht. Und schließlich, das ist meist der heikelste Teil, sollte man seine persönlichen Stärken und vor allem Schwächen kennen und klug mit ihnen umgehen.

7.9 Zusammenfassung

Der rote Faden hilft, auch unter starkem Druck, strukturiert vorzugehen. In jedem Fall sollten die Informationen bewertet, die Situation verstanden und natürlich entschieden werden.

Literatur

Buss, D. M. (2016). *Evolutionary Psychology. The New Science of the Mind* (5. Aufl.). London: Routledge.
Gigerenzer, G. (2013). *Risiko. Wie man die richtigen Entscheidungen trifft* (6. Aufl.). München: Bertelsmann.
Horn, A. (2014). *Die Logik der Tat*. München: Droemer.
Hossli, P. (20. Dezember 2009). Es war kein Wunder. *Sonntagsblick Magazin*.
Kahneman, D. (2012). *Schnelles Denken, langsames Denken*. München: Siedler.
Litzcke, S., Horn, A., & Schinke, D. (2015). *Sexualmord in Bayern. Opfer – Tatverlauf – Täter*. Frankfurt am Main: Verlag für Polizeiwissenschaft.
National Transportation Safety Board. (2009). *Loss of Trust in Both Engines after Encountering a Flock of Birds and Subsequent Ditching on the Hudson River US Airways Flight 1549 Airbus A320-214, N106US*. Weehawken, New Jersey.
Pfister, H.-R., Jungermann, H., & Fischer, K. (2017). *Die Psychologie der Entscheidung* (4. Aufl.). Berlin: Springer.
Ray, W. J. (2013). *Evolutionary Psychology. Neuroscience Perspectives Concerning Human Behavior and Experience*. Thousand Oaks: Sage.
Sullenberger, C. (2016). *Sully. Das Wunder vom Hudson*. München: Penguin.

8

Wenn es darauf ankommt – machen Sie es wie Petrow

> In diesem Kapitel zeigen wir: Manchmal hat die Welt Glück und die richtige Person sitzt zur rechten Zeit am richtigen Platz. Oft genug erfahren wir das nicht, weil richtige Entscheidungen getroffen werden und es gut läuft. Nur in seltenen Fällen erfahren wir, wie gut manche Menschen entscheiden. So wie Stanislaw Jewgrafowitsch Petrow, Offizier der Roten Armee in der Zeit des kalten Krieges.

Serpuchow-15-Bunker

Fünfzig Kilometer südlich von Moskau, Serpuchow-15-Bunker, 26. September 1983, kurz nach Mitternacht. Stanislaw Jewgrafowitsch Petrow versieht seinen Dienst als leitender Offizier in der Kommandozentrale der sowjetischen Satellitenüberwachung. Es ist die Zeit des kalten Krieges zwischen den USA und ihren Verbündeten auf der einen und der Sowjetunion und ihren Verbündeten auf der anderen Seite. Und der September 1983 war besonders frostig. Knapp einen Monat zuvor war der Korean-Air-Lines-Flug 007 von sowjetischen Abfangjägern wegen Verletzung des Luftraumes abgeschossen worden. Und wie Jacobs (2015, S. 132) schreibt, lief die Propagandamaschine der Sowjetunion zur Hochform auf, zugleich veröffentliche der amerikanische Präsident Ronald Reagan einen Mitschnitt der Gespräche des sowjetischen Piloten des Abfangjägers mit seiner Bodenstation und sprach von einem barbarischen Akt.

Routine

Stanislaw Petrow hätte frei gehabt. Nur weil ein Kollege ausgefallen war, sprang Petrow ein (Jacobs 2015, S. 145). Keine große Sache, Alles sah nach Routine aus.

Eine Atomrakete

Kurz nach Mitternacht, um 0.15 Uhr, was es mit der Ruhe vorbei: Plötzlich zeigt das sowjetische Satellitensystem den Start einer auf die Sowjetunion gerichteten Atomrakete im amerikanischen Bundesstaat Montana an. Die Sirene schrillte und auf der Tafel leuchtete in roten Buchstaben START (Jacobs 2015, S. 148). Stanislaw Petrow blieb ruhig, zugleich wusste er, dass dieses Signal bereits automatisch an die übergeordnete Kommandoebene in Solnetschnogorsk gesendet worden war (Jacobs 2015, S. 149). Dort wartete man auf eine Bewertung. Petrow blieb ruhig und überlegte.

15 min Denkzeit

Im Fall eines Raketenangriffs war ein sofortiger nuklearer Gegenschlag vorzubereiten. Petrow blieben 15 min um seine Vorgesetzten zu unterrichten. Im Falle eines Erstschlages durch einen Raketenangriff hat die sowjetische Führung nach dem Start nur knapp eine halbe Stunde Zeit, um über einen Gegenschlag zu entscheiden. Danach ist es zu spät. Stellen Sie sich den Druck vor, der auf Petrow lastete. Würde er den vom System gemeldeten Raketenstart als *Faktum* bewerten, wäre das möglicherweise der Beginn des dritten Weltkrieges. Petrow dachte im kontrollierten Modus – gut für uns alle.

Kontrolliertes Denken

Mit dem Wissen um die Natur komplexer Situationen aus den letzten Kapiteln werfen wir einen Blick auf den 26. September 1983. Die Darstellung beruht auf dem Wikipediaeintrag zu dem Stichwort Stanislaw Jewgrafowitsch Petrow: Ein einzelner Raketenstart wäre für einen nuklearen Erstschlag der USA zu wenig. Zudem hatte das russische Satellitensystem bereits in der Vergangenheit Probleme mit der Verlässlichkeit. Das wusste Petrow. Handelt es sich bei dem vom System gemeldeten Raketenstart also um eine Fehlfunktion oder um ein Faktum? Petrow prüfte Satellitenaufnahmen von der Militärbasis in Montana und die zeigten keine Raketen. Diese Information war jedoch nicht verlässlich, da die Aufnahmen genau an der Nacht-Tag-Grenze aufgenommen worden waren und dadurch nicht eindeutig waren. Petrow entschied: Die Meldung ist ein Systemfehler, da eine einzelne Rakete zu wenig für einen Erstschlag wäre (Hypothese).

Fehlalarm
Nun, könnte man denken: Wozu die Aufregung? War eigentlich nicht so schwer, die richtige Entscheidung zu treffen. Petrow meldete seinem Vorgesetzten telefonisch, dass es sich um einen Fehlalarm handelt (Jacobs 2015, S. 154). Bevor Sie sich entspannen: Es geht noch weiter.

Fünf Atomraketen
Das System meldete kurz nach dem Anruf von Petrow eine zweite, dritte, vierte und fünfte Rakete. Die Informationslage hatte sich ansonsten nicht verändert. Petrow blieb bei seiner Entscheidung und rief noch einmal bei seinem Vorgesetzten an und meldete noch einmal Fehlalarm (Jacobs 2015, S. 154). Selbst diese Raketenzahl war aus der Sicht von Petrow für einen atomaren Erstschlag noch zu niedrig. Petrows Entscheidung wäre im Falle eines tatsächlichen Angriffes der USA ein verheerender Fehler gewesen – zumindest aus der Sicht Führung der der damaligen Sowjetunion.

Druck und Unsicherheit aushalten
Petrow selbst war die Tragweite seiner Entscheidung bewusst, es stand nicht weniger als die Fortexistenz eines Teils der Menschheit auf dem Spiel – nicht gerade eine Situation, die einen entspannt im Sessel zurücksinken lässt. Petrow hielt den Druck aus, dachte in Ruhe nach und entschied, dass es sich um einen Fehlalarm handeln müsse. Obwohl er unter starkem Entscheidungsdruck stand und obwohl die Informationslage nicht eindeutig war, behielt Petrow den Überblick und handelte faktenorientiert, dachte analytisch und entschied schließlich entsprechend der ihm als wahrscheinlich erscheinenden Hypothese: Zu wenige Raketen für einen Erstschlag. Die früheren Fehlalarme des Systems waren ein *Faktum,* die gemeldeten Starts waren nur Wahrnehmungen – technische zwar, aber dennoch nur *Wahrnehmungen.* Gut eine Viertelstunde danach erhielt Petrow die Bestätigung für die Richtigkeit seiner Entscheidung: Auf dem sowjetischen Radar wurden keine anfliegenden amerikanischen Raketen festgestellt.

Lob
Das Beispiel zeigt, dass es selbst in einer Extremsituation möglich ist, ausgewogen, differenziert und richtig zu entscheiden. Petrow erhielt mehrere Auszeichnungen für sein Verhalten, unter anderem wurde ihm im Januar

2006 in New York der *World Citizen Award* verliehen. Übrigens, ursächlich für den Alarm waren Sonnenreflexionen in den Wolken über Montana, die vom System mit Raketenstarts verwechselt wurden. Hinterher ist man immer schlauer. Petrow hat es unter widrigen Umständen geschafft, die Informationen zu ordnen, richtig zu bewerten, die Situation zu verstehen, eigene Emotionen im Zaum zu halten und mit dem Gehirn das zu tun, was man tun solle – denken. Hätte ein anderer Offizier oder ein Politiker ebenso entschieden? Wir wissen es nicht.

Tadel
Das System vergisst nicht. Der direkte Vorgesetzte von Stanislaw Petrow, Generaloberst Jurij Wotinzew, der am 26. September vorschlagen wollte, Stanislaw Petrow zu belobigen, vergaß sein Versprechen im Laufe der nachfolgenden Untersuchung (Jacobs 2015, S. 164). Als Petrow gefragt wurde, warum er das Diensttagebuch nicht ordnungsgemäß geführt habe, erklärte er, dass er in der einen Hand das Telefon gehalten habe, mit dem er telefonierte und in der anderen Hand das Mikrofon, mit dem er Instruktion ausgab. Aber die Militärhierarchie suchte einen Sündenbock und glaubt, ihn in Stanislaw Petrow gefunden zu haben (Jacobs 2015, S. 165). Petrow hatte offengelegt, dass das Warnsystem nicht fehlerfrei funktionierte. Aber das wollte man in der Militärführung nicht hören. Letztlich hat Stanislaw Petrow den Dienst quittiert, weil der Druck zu groß wurde (Jacobs 2015, S. 177). Am langen Ende hat Jurij Wotinzew doch noch eine Lanze für Stanislaw Petrow gebrochen. In einem Interview mit der Prawda im Dezember 1992 sprach Wotinzew offen über den Vorfall und lobte Petrow, dafür, dass er die richtige Entscheidung getroffen hatte (Jacobs 2015, S. 183–184).

Übrigens: Wie hätten Sie an Petrows Stelle entschieden?

Literatur

Jacobs, I. (2015). *Stanislaw Petrow: Der Mann, der den Atomkrieg verhinderte.* Frankfurt am Main: Westend.

Wikipedia. (2021). *Stanislaw Jewgrafowitsch Petrow.* https://de.wikipedia.org/wiki/Stanislaw_Jewgrafowitsch_Petrow. Zugegriffen: 3. Febr. 2021.

9

Nachwort – Persönlichkeit, Führung und die Anderen

> In diesem Ausblick nennen wir Aspekte von Entscheidungen, die wichtig sind und die wir in diesem Buch nur gestreift haben. Menschen unterscheiden sich in ihren Werten, Einstellungen und in ihrer Persönlichkeit. Deshalb entscheiden Menschen unterschiedlich. Wenn mehrere Menschen entscheiden, kommt eine weitere Facette hinzu: Gruppeneffekte. Und schließlich spielt die emotionale Stabilität und die kognitive Leistungsfähigkeit von Führungskräften eine zentrale Rolle für deren Mitarbeiter.

Unterschiede zwischen Menschen
Außer der kognitiven Leistungsfähigkeit, der emotionalen Stabilität und der Selbstdisziplin beeinflussen noch weitere Personenmerkmale die Qualität von Entscheidungen. Menschen mit geringer emotionaler Stabilität oder mit geringer Selbstwirksamkeitserwartung verbrauchen vergleichsweise viel Energie zur Eigenstabilisierung und verfügen deshalb über weniger freie Denkleistung als emotional stabile Menschen mit einer hohen Selbstwirksamkeitserwartung. Je stärker der Stress wird, desto höher wird der Energieverbrauch für die Selbststabilisierung. Ein Positivbeispiel ist Werner Müller, ehemals Chef der Ruhrkohle AG (RAG) und Wirtschaftsminister im Kabinett von Bundeskanzler Gerhard Schröder, der in einem Interview (Nolte und Heidtmann 2009, S. 121, 128) sagte, dass er sich nicht leicht aufregt und er Hektik als Behinderung für gute Entscheidungen ansieht. Dem kann man nur zustimmen. Wer sich leicht aufregt, früh und lang unter

Stress gerät, ist so mit der Stabilisierung seiner selbst beschäftigt, dass wenig Kapazität zum Denken bleibt.

Auswahl statt Coaching
Gutes Entscheiden fällt manchen Menschen leichter als anderen. Das liegt an Unterschieden zwischen den Menschen. Man muss für gute Entscheidungen fokussiert sein und bleiben, kognitive Ausdauer haben, stressresistent sein, den eigenen Narzissmus kontrollieren, sachorientiert sein, Fehler erkennen und abstellen und noch einige anstrengende Dinge mehr. Solche Unterschiede in der Person von Entscheidern haben wir in diesem Buch nur gestreift. Wir wollen daher zumindest an dieser Stelle festhalten, dass auch das beste Vorgehen und ein noch so gutes Coaching nicht aus jedem Menschen einen guten Entscheider machen kann. Das sollte man bedenken, wenn man Entscheider auswählt.

> **Beispiel**
> Hier ein Positivbeispiel aus dem Vorfeld der Antarktisexpedition von Ernest Shackleton aus dem Jahr 1914. Ernest Shackleton wird folgende Anzeige zugeschrieben, mit der er Männer für seine Expedition suchte: Men wanted for hazardous journey. Small wages. Bitter cold. Long months of complete darkness. Constant danger. Safe return doubtful. Honour and recognition in case of success. Eigene Übersetzung: Männer für eine gefährliche Reise gesucht. Niedriges Gehalt, bittere Kälte, lange Monate in kompletter Dunkelheit, dauernd in Gefahr, sichere Heimkehr zweifelhaft. Ehre und Anerkennung im Fall der Rückkehr.

Realistische Tätigkeitsinformationen
Vergleichen Sie diese schonungslose Klarheit mal mit einer der heutigen Stellanzeigen. Offenkundig hatte Shackleton klug geworben und gut ausgewählt: Nicht alle Menschen können in gleicher Weise Unsicherheit aushalten, eigene Emotionen kontrollieren, fremde Emotionen ertragen, unter widrigen Umständen kontrolliert Denken oder angemessen Komplexität reduzieren. Emotional stabile Menschen geraten deutlich später unter starken Stress als emotional instabile und erholen sich schneller. Auch in ihrer Wahrnehmung unterscheiden sich Menschen bis hin zu der Frage, ob man in komplexen Situationen überhaupt noch in der Lage ist, Informationen aufzunehmen und sich beraten zu lassen.

Gute Entscheider

Was also macht gute Entscheider aus? Klein (2004, S. 282–283) beschreibt gute Entscheider wie folgt:

- Können Probleme antizipieren und dadurch teilweise vermeiden.
- Können erklären, warum es zu einer bestimmten Situation gekommen ist.
- Wissen in der Regel, was als Nächstes passieren wird/könnte.
- Kennen Routinen (Heuristiken) sowie deren Schwächen.
- Kennen ihre eigene Fehlbarkeit und können ihre Interpretation anpassen, wenn sie im ersten Anlauf falsch liegen. Unreflektierte Erfahrung ist nutzlos, teilweise sogar gefährlich.
- Suchen unmittelbar nach neuen Lösungen, wenn ein Plan schiefgeht, ohne nutzloses Bedauern oder störende negative Emotionen.
- Versuchen sich ständig zu verbessern, weil sie wissen, dass sie nicht perfekt sind.

Die Anderen

Wir haben in diesem Buch nicht nur Personenfaktoren weitgehend ausgespart, sondern auch so getan, als würden in aller Regel Einzelpersonen entscheiden. Das ist nicht der Fall. Und selbst wenn am Ende eine Person entscheiden sollte, spielen auf dem Weg zur Entscheidung andere Personen eine wichtige Rolle. Komplexe Probleme lassen sich nur in Ausnahmefällen von einzelnen Personen lösen. Das Einbeziehen mehrerer Personen schafft die Möglichkeit der Generierung unterschiedlicher Hypothesen, wobei Menge nicht gleich Qualität ist. Es müssen vor allem die richtigen Hypothesen aufgestellt werden. Ein Teamansatz schafft hierbei die Möglichkeit zur Entwicklung unterschiedlicher Hypothesen und zu einer kritischen Hypothesenprüfung. Für ein Team ist es hinderlich, wenn alle gleich Denken. Teammitglieder sollten unterschiedliche berufliche Hintergründe haben. Menschen mit unterschiedlicher Ausbildung haben oft unterschiedliche Denkansätze verinnerlicht. Ein Anthropologe nähert sich einem Problem anders als ein Psychologe oder eine Kriminalistin. Jede einzelne Sichtweise kann abhängig von der Situation einen Mehrwert bringen und zur Lösung beitragen. Gerade in der Zusammenarbeit verschiedener Fachdisziplinen entstehen neue Lösungsansätze, da alle gezwungen werden ihre eingefahrenen Denkmuster (automatisches Denken) zu verlassen und sich über eine neuartige Situation auszutauschen und zu verständigen. Man könnte auch sagen, dass jede Fachdisziplin eigene Heuristiken und Denkmuster entwickelt hat, die hilfreich sein können, es aber nicht sein müssen.

Erst im Austausch mit Menschen, die anderen Heuristiken und Denkmustern folgen, fällt auf, dass eine Situation auch anders verstanden und eine Information anders bewertet werden kann. Und schon ist man, schöner Nebeneffekt, im kontrollierten Denken. Kontrolliertes Denken ist, wie wir in Kap. 4 *Denken – ist anstrengend, hilft aber* gezeigt haben, in komplexen Situationen unverzichtbar.

Praxistipp
Wir raten dazu, unterschiedliche Personen in die Problemlösung und Entscheidungsfindung einbeziehen. Wenn mehrere Menschen im Team arbeiten, stellt sich eher früher als später die Frage nach der Führung.

Führung
Gute Führung kann zu gutem Entscheiden beitragen. Zu guter Führung gehört es, Verantwortung zu übernehmen, Ausdauer zu haben und den eigenen Geltungsdrang zu kontrollieren. Es geht nicht um eine Bühnenshow, sondern darum allen Mitgliedern eines Teams die Chance zu geben, auch den eher zurückhaltenden Menschen, die eigene Expertise einzubringen. Eine Führungskraft sollte, auch wenn das schwer sein kann, sachorientiert bleiben und die eigenen Emotionen kontrollieren. Führungskräfte, die sich sehr wütend oder ängstlich zeigen, verlieren schnell den Respekt und das Vertrauen. Damit ist nicht gemeint, dass Führungskräfte nicht ängstlich oder wütend sein dürfen, sondern dass sie Angst oder Wut nicht ungefiltert ausleben dürfen. Mut heißt, trotz Angst den entscheidenden Schritt zu wagen. Mit zur Aufgabe einer Führungskraft gehört es, für eine Fokussierung des Teams auf ein Thema zu sorgen. Angst oder Wut einer Führungskraft stecken die Teammitglieder an. Eine schlecht emotionskontrollierte Führungskraft schadet sich und dem Team insgesamt. Unserer Erfahrung nach sind emotional instabile Menschen als Führungskraft ungeeignet. Schädlich sind Aussagen von Führungskräften wie: Schildern Sie mir keine Probleme, sondern Lösungen. Klar, man darf nicht in einer Problembewunderung stecken bleiben und man kann zusätzlich zu einer Problembeschreibung auch nach Lösungen fragen. Umgekehrt kann man ein Problem erst dann wirklich und nicht nur oberflächlich lösen, wenn man den Kern verstanden hat. Und erst dann kann man gut entscheiden. Wer sich als Führungskraft dagegen wehrt, ein Problem im Kern zu verstehen, sitzt am falschen Platz.

Überzeugen

Ebenso wichtig wie das Treffen einer klugen Entscheidung ist es, andere von einer klugen Entscheidung überzeugen zu können. Ansonsten wird eine eigentlich kluge Entscheidung wegen Widerständen gar nicht, unvollständig oder nicht dauerhaft umgesetzt. Möglicherweise wird beim ersten Zeichen von Widrigkeiten die Entscheidung umgestoßen oder Gegner der getroffenen Entscheidung nutzen eine veränderte Machtkonstellation zum Kippen einer eigentlich richtigen Entscheidung. Das führt in der Regel zu gravierenden Negativfolgen. Andere Menschen zum Zeitpunkt der Entscheidung oder, wenn das zeitlich nicht gelingt, zumindest kurz danach mitzunehmen, ist daher ebenso wichtig wie eine gute Entscheidung zu treffen.

Grenzen

Wir möchten nicht missverstanden werden. Er kann nicht darum gehen, auch noch den allerletzten Zweifler und chronischen Dauerpessimisten umzustimmen. Wer das versucht, kommt nicht vom Fleck. Wenn der Langsamste das Tempo bestimmt, wird jede Wanderung zum Biwak. Aber es geht darum, so viele Menschen wie möglich mitzunehmen. Das gelingt am ehesten mit Transparenz und einem nachvollziehbar systematischen Vorgehen, beispielsweise dem roten Faden (Kap. 7 *Gut Entscheiden – der rote Faden*). Unseren Erfahrungen nach ist der Widerstand gegen Entscheidungen, die willkürlich wirken, rein macht- statt faktenbasiert sind und über die nicht ausreichend informiert wird, besonders stark.

9.1 Zusammenfassung

Wenn Sie vor der nächsten komplexen Situation stehen, dann verschaffen Sie sich einen Überblick über die Informationen, denken Sie in Zusammenhängen, bilden Sie Schwerpunkte, entwickeln Sie verschiedene Hypothesen, kontrollieren Sie Effekte und Ergebnisse sowie halten Sie die Balance zwischen flexiblem Agieren und beharrlicher Zielverfolgung. Sie haben es leichter, wenn Sie die Motivation auch in mühseligen Phasen aufrechterhalten können, die Selbstwirksamkeitserwartung bewahren und Erholungsphasen einbauen. Und schließlich: Nehmen Sie Emotionen wahr und ernst, aber geben Sie sich ihnen nicht hin. Setzen Sie Emotionen nicht an die Stelle kontrollierten Denkens, sondern denken Sie mit dem Kopf.

Literatur

Klein, G. (2004). *The Power of Intuition.* New York: Currency/Doubleday.
Nolte, B., & Heidtmann, J. (2009). *Die da oben. Innenansichten aus deutschen Chefetagen.* Frankfurt am Main: Suhrkamp.

springer.com

Umgang mit Leistungsdruck
Belastungen im Beruf meistern
Mit Fragebögen, Checklisten, Übungen

Stress, Mobbing, Burn-out am Arbeitsplatz

Litzcke · Schuh · Pletke

Jetzt im Springer-Shop bestellen:
springer.com/978-3-642-28623-0

MIX
Papier aus verantwortungsvollen Quellen
Paper from responsible sources
FSC® C105338

If you have any concerns about our products,
you can contact us on
ProductSafety@springernature.com

In case Publisher is established outside the EU,
the EU authorized representative is:
Springer Nature Customer Service Center GmbH
Europaplatz 3, 69115 Heidelberg, Germany

Printed by Libri Plureos GmbH
in Hamburg, Germany